그래서 암호가 필요해

CAN YOU CRACK THE CODE?

: A FASCINATING HISTORY OF CIPHERS AND CRYPTOGRAPHY
 by Ella Schwartz, illustrated by Lily Williams

Text copyright ©2019 by Ella Schwartz
illustrations copyright @ 2019 by Lily Williams

All rights reserved.
This Korean edition was published by Namuyaa publisher in 2021 by arrangement with Bloomsbury Publishing Inc. through KCC(Korea Copyright Center Inc.), Seoul
이 책은 (주)한국저작권센터(KCC)를 통한 저작권자와의 독점계약으로 도서출판 나무야에서
출간되었습니다. 저작권법에 의해 한국 내에서 보호를 받는 저작물이므로
무단전재와 복제를 금합니다.

그래서 암호가 필요해

고대 암호부터 현대 암호공학까지
흥미진진하고 놀라운 암호의 세계

엘라 슈월츠 지음 릴리 윌리엄스 그림 이수영 옮김

Namuyaa Publisher

그래서 암호가 필요해

초판 1쇄 발행 | 2021년 2월 15일
지은이 엘라 슈월츠 | **그린이** 릴리 윌리엄스 | **옮긴이** 이수영 | **편집** 강선정 | **디자인** 이영아
종이 신승지류유통(주) | **인쇄** 상지사 P&B
펴낸곳 도서출판 나무야 | **펴낸이** 송주호 | **등록** 제307-2012-29호(2012년 3월 21일)
주소 (03424) 서울시 은평구 서오릉로27길3, 4층 | **전화** 02-2038-0021 | **팩스** 02-6969-5425
전자우편 namuyaa_sjh@naver.com | **ISBN** 979-11-88717-20-0 73410

- 이 책 내용의 전부 또는 일부를 재사용하려면 반드시 저작권자와 도서출판 나무야 양측의 동의를 받아야 합니다.
- 책값은 뒤표지에 표시되어 있습니다.

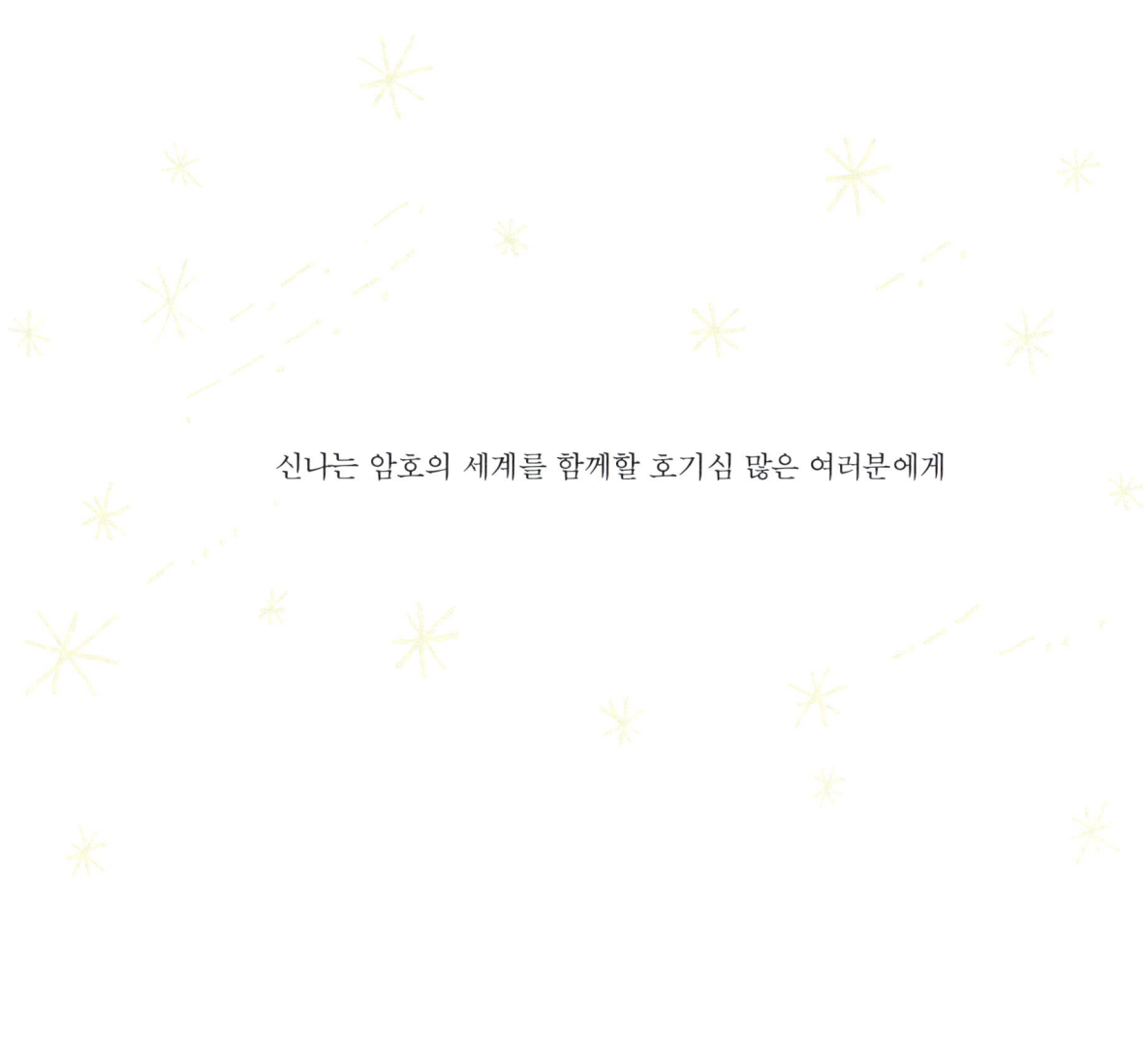

신나는 암호의 세계를 함께할 호기심 많은 여러분에게

KL! PB IULHQG

위의 글자가 나타내는 뜻은 무엇일까요? 어떤 규칙에 따라 알파벳을 하나하나 바꾸었더니 전혀 뜻을 알 수 없는, 알파벳만 나열한 모습이 되었어요. 바로 암호를 사용한 거예요. (책을 다 읽고 나면 이 암호가 어떤 말을 나타내는지 알 수 있겠죠?)

암호는 비밀을 담는 도구예요. 작게는 친구들 사이의 비밀 쪽지부터 크게는 국가의 중요한 정보 보안에 이르기까지 암호가 담을 수 있는 비밀은 무궁무진하죠.

남모르게 비밀을 감추고 전하는 방법은 오랜 옛날에도 있었어요. 고대 중국이나 고대 그리스에서는 어떤 기발한 방법으로 비밀을 보호했을까요?

동서양 어디에서나 비밀을 숨기려는 사람들이 있었고, 또 반대편에서 그 비밀을 풀려는 사람들이 항상 있기 마련이에요. 암호를 만드는 사람은 좀더 복잡하고 풀기 어렵게 만들고 싶어하고, 암호를 푸는 사람은 복잡해진 암호를 풀기 위해 끊임없이 고민하죠. 그러면서 암호 기술 또한 계속 발전하고 진화해 왔어요.

특히 전쟁은 암호의 역사에서 빠질 수 없어요. 암호가 한 단계 한 단계 발전하며 큰 역할을 하게 한 것이 바로 전쟁이었으니까요. 암호를 만들어 전쟁에서 사용했던 로마의 황제도 있었고, 제2차 세계대전에서 이름을 떨쳤던 독일의 암호장치도 있었죠. 전쟁에서는 암호로 나라의 운명이 좌우되었으니 막강한 힘을 가졌다고 말할 수밖에요.

암호는 그 자체가 쉽게 밖으로 드러날 수 없는 것이기 때문에 암호를 둘러싸고 숨겨진 이야기도 많아요. 한참 시간이 지난 이후에야 비로소 밝혀진 놀라운 이야기들 말이죠. 오랜 시간이 지나도 풀리지 못한 불가사의한 암호도 있고요.

현대사회에서 암호는 어떤 역할을 하고 있을까요? 옛날에는 암호라는 것이 어떤 일부의 사람만 쓰는 것이었다면 지금은 누구나 생활 속에서 쉽게 접하는 분야예요. 아니라고요? 자신은 암호와 상관없는 것 같다고요? 적어도 사용하고 있는 아이디와 비밀번호가 하나씩은 있지 않나요? 바로 암호를 알게 모르게 사용하고 있다는 증거예요. 우리가 암호에 관심을 가져야 할 이유도 바로 여기에 있죠. 우리 생활과 밀접하니까요.

오랜 옛날부터 현대에 이르기까지 암호 기술은 번뜩이는 상상력과 치밀한 수학적 원리를 바탕으로 진화해왔고, 앞으로도 미래 공학 기술과 함께 계속 발전해 나갈 거예요.

이 책은 암호와 관련한 다양한 역사 정보와 함께 문자, 숫자, 여러 가지 상징들을 활용한 여러 가지 암호의 원리를 소개하고 있어요.
암호 해독의 기회도 놓치지 말고 꼭 도전해 보세요.
암호에 자신감이 생기면 여러분이 새로운 암호를
만들어낼 수도 있을 거예요.
이제 그 흥미로운 암호의 세계에 함께해 볼까요?

차례

1 암호의 세계로 초대합니다! — 15
2 코드와 사이퍼 — 17
3 카이사르 암호의 발전 — 30
4 그림으로 말하는 암호 — 41
5 보물과 암호 편지 — 51
6 막강한 암호 장치 : 에니그마 — 67

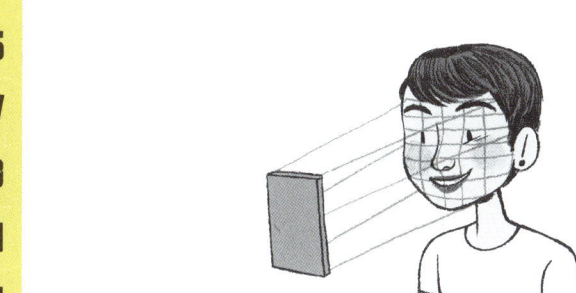

7 크립토스 미스테리 — 87
8 정보 보안의 세계 : 공개키, 개인키 — 103
9 소수로 만든 암호 — 113
10 속임수와 트로이 목마 — 121
11 화이트 해커와 블랙 해커 — 129
12 미래의 암호 전문가에게 — 136

1

암호의 세계로 초대합니다!

주변을 둘러보면 어디에나 암호가 있어요. 비밀을 안전하게 지키거나, 같은 무리가 아닌 사람의 접근을 막기 위해서죠. 컴퓨터 시스템을 해커로부터 보호하고, 몰래 엿보려는 염탐꾼들에게 비밀을 들키지 않기 위한 암호도 있고요.

여러분은 암호를 풀 수 있어요?

암호를 푼다고 말하는데, 도대체 무슨 뜻일까요? 꽁꽁 숨어 있는 내용을 밝혀낸다? 어쩌면 결코 생각하지도 못했던 무언가를 엿보게 된다? 다 맞는 말이에요!

암호를 푼다는 건 비밀을 드러낸다는 뜻이죠.

비밀이 비밀일 수 있으려면 원하지 않는 사람에게는 알려지지 말아야 해요. 비밀이 탄로 나는 순간 더는 비밀일 수 없어요. 그러면 그저 정보일 뿐이에요. 밖으로 흘러나가기를 결코 바라지 않았던 정보죠. 많은 이유로 사람들은 드러내길 원하지 않는 정보를 가지고 있어요. 비밀이 드러나면 누군가를 깜짝 놀라게 하려던 계획을 망칠 수도 있고, 난처해질 수도 있고, 큰 손해를 입을 수도 있으니까요.

비밀을 간직하는 이유가 무엇이든 목표는 같아요. 비밀을 안전하게 지키는 거예요!

그렇다면 암호는 어떻게 풀 수 있을까요? 비밀을 밝혀낼 수 있는 걸까요? 암호를 만든 사람은 분명히 그런 일이 없기를 바랄 거예요. 그렇기 때문에 온갖 방법을 써서 비밀을 지키려 하죠.

바로 여기서 암호를 만든 이와 암호를 풀려는 이 사이의 전투가 시작되지요. 아주 오랜 옛날부터 암호를 만드는 쪽은 고심에 고심을 거듭하며 가장 풀기 어려운 암호를 만들어 정말로 중요한 비밀을 보호하려 했어요. 하지만 암호를 풀려는 쪽은 언제나 더 뛰어난 방법을 찾아내어 그 암호를 해독하죠. 암호 제작자가 나날이 정교해질수록 암호 해독자 또한 그렇게 되는 거예요.

이 책이 자세히 설명하려는 분야는 암호 기술, 암호화, 해킹, 사이버 보안이에요. 모두 굉장한 분야이긴 하지만 그걸로 그치지 않아요! 이 책은 눈에 보이는 게 전부가 아니에요. 한 권의 책으로만 머물지 않죠. 여러분이 찾아내야 할 커다란 비밀이 있으니까 꼼꼼히 읽어야 해요. 똑똑한 암호 해독자라면 비밀을 밝혀낼 수 있는 단서를 책에서 모두 찾아 암호를 풀 수 있을 거예요.

어때요? 암호를 풀어 보겠어요?

그럼 시작하죠.

코드와 사이퍼

비밀을 안전하게 지키려면

비밀은 중요해요.

  비밀을 안전하게 지키는 것도 그만큼 중요하죠.

  비밀을 잘 지키기 위해 할 수 있는 방법 중 하나는 비밀이 없는 것처럼 구는 거예요. 비밀을 감추고 있다는 의심을 사지 않으면 비밀을 캐내려는 사람도 없을 테니까요.

  이런 생각을 바탕으로 이루어졌던 고대의 관습이 있어요. 바로 스테가노그래피(steganography)예요. 전하려는 내용을 숨기는 하나의 통신 방법을 말하는 건데, "스테가노그래피"라는 낱말은 그리스어 낱말 두 개에 뿌리를 두었어요. "숨기다"는 뜻의 스테가노스(steganos)와 "쓴 것"이라는 뜻의 그라페인(gr-

aphein)이에요. 한마디로 숨겨진 비밀이라는 뜻이죠.

스테가노그래피는 아주 오래전부터 사용되어 왔어요. 고대 중국 사람들은 비밀 편지를 보낼 때면 비단에 글을 쓰고, 비단을 공 모양으로 꽁꽁 말아서는 겉에 밀랍을 발랐어요. 그러면 심부름꾼이 밀랍 바른 공을 삼켜요. 편지를 전해 주려면 심부름꾼이 어떻게 해야 할지 짐작이 가죠? 우웩!

고대 그리스 사람들은 어떤 식으로 했냐면, 심부름꾼의 머리털을 박박 밀고 전할 내용을 두피에 문신으로 새겼어요. 시간이 지나 머리털이 다시 자라나면 심부름꾼을 목적지로 보내죠. 분명히 매우 급한 내용은 아니었을 거예요!

스테가노그래피는 오늘날에도 세계 곳곳에서 비밀 첩보원들이 사용해요. 그들은 어떤 도구를 사용했을까요? 바로 투명 잉크예요. 비밀 첩보원은 특별한 종류의 잉크로 글을 적어요. 잉크가 마르면 글씨가 사라지는 거예요. 눈에 안 보이던 내용이 다시 나타날 수 있으려면 잉크에 열을 가해야 한다는 걸 받은 사람은 알고 있어야 하겠죠.

또 첩보원들은 언뜻 보면 별 의미 없어 보이는 글 속에 내용을 숨기기도 해요. 하지만 받은 사람이 무얼 알아내야 할지 안다면 비밀이 드러나죠. 어떤 방법일까요?

아래 문장을 보세요.

Cole rises and cooks kale. Then he eats. Cole only drinks espresso.
콜은 일어나서 케일을 요리한다. 그리고 먹는다. 콜은 에스프레소를 마신다.

꽤 단순하죠? 비밀스런 내용으로 보이지 않죠? 하지만 여기에는 비밀 메시지가 숨어 있어요. 각 낱말의 첫 글자를 보세요.

Cole rises and cooks kale. Then he eats. Cole only drinks espresso.

이제 이 문자들을 합치면 메시지가 나타나요.

Crack the code
암호를 풀어라.

겉보기에 비밀 내용이 보이지 않도록 스테가노그래피를 이용하는 방법은 또 있어요. 아래 글자 상자를 살펴보죠.

```
CAESAR2LIKEHOPBABY59HIC
MEET4LOVEJUNGLE43APPLE7
SEVEN7FORESTANDCAR67BAT
SEND7OVER6ATMEFOR89540O
CREDIT4MATH7APRIL30HOME
LIBRARYAUGUST19ATWISH4Y
REMEMBER9TO7THINK5IN8ON
THE5ALLEYMARCH4EASY1974
```

그냥 보면 앞의 글은 글자와 숫자가 아무렇게나 놓인 것처럼 보이지만, 자세히 들여다보면 JUNGLE, LIBRARY, HOME, MATH, MARCH 같은 낱말들이 보여요. 과연 비밀 메시지가 숨어 있을까요? 그렇고말고요! 하지만 어떻게 알아낼까요? 이번에는 아래와 같은 특별한 해독장치가 필요해요.

몇 군데 구멍이 뚫려 있지요? 이 해독장치를 글자 상자 위에 놓으면 비밀 메시지가 나타나요.

이제 분명히 보이나요?

Meet me at 7 in the alley
7시에 골목에서 만나.

오늘날 스테가노그래피는 쓴 글을 감추는 것만 뜻하지는 않아요. 일반적으로 컴퓨터 파일, 디지털 이미지, 또는 디지털 음악 안에 디지털 정보를 숨기는 걸 가리키는 말로도 쓰일 수 있어요.

비밀을 숨기는 건 비밀을 지키기 위한 중요한 첫걸음이지만, 스테가노그래피에는 큰 단점이 하나 있어요. 누군가 비밀을 가로채면 비밀이 새 나간다는 거죠.

비밀이 정말로 중요하다면, 글 자체를 숨길 뿐 아니라 글의 의미까지 숨겨야 할 때가 있어요.

그렇기 때문에 좀더 특별한 암호가 필요한 거예요.

특히 코드(code)라고 하면, 낱말이나 구절을 다른 걸로 바꾸어 원래 낱말을 숨기는 것을 말해요. 예를 들어 비밀 첩보원은 진짜 이름 대신 암호명(코드명)을 사용해서 누구도 자신의 정체를 짐작할 수 없게 하죠. 첩보원 블루는 사실 암호명일 뿐, 캔자스 주 토피카에 사는 존 스미스라는 사람일지도 몰라요. 존 스미스는 자신의 정체를 알아낸 적들이 현관문을 두드려 저녁 식사를 망치는 일이 생기길 바라지 않을 테죠. 그러려면 암호명이 필요해요. 그리고 정말 멋져 보이기도 하고요.

이와 비슷하게, 풋볼 경기에서 쿼터백은 같은 팀 선수들에게 특별한 암호를 사용하며 경기를 풀어 나가요. 경기 전에 팀이 암기한 코드를 외치며 다음 작전을 지시하는 거죠. "블루 23, 블루 29……." 이렇게요.

코드를 더 많이 기억하려면 코드북(codebook)이 필요할 수 있어요. 암호사전 같이 모든 비밀 암호 문자와 그 뜻을 정리해 놓은 거죠. 예를 들어 다음과 같이 말이에요.

존 스미스 = 첩보원 블루

코드북은 잃어버리지 않게 조심해야 해요! 발각되면 모든 비밀이 알려지고, 그러면 코드를 모두 새로 만들어야 할 테니까요. 그리고 그건 정말 고생스러운 일이죠.

암호명 포터스

포터스(POTUS, President of United States, 미국 대통령을 뜻함)는 하루 24시간 내내 비밀경호국의 경호를 받아요. 비밀경호국은 대통령과 대통령 가족의 안전을 지키는 일을 책임지는 중요한 기관이에요.

오래전, 대통령 가족을 보호하기 위해서 비밀경호국은 대통령과 그 가족 구성원에게 암호명을 붙였어요. 비밀경호원들이 대통령 가족의 위치나 일정을 의논할 때면 이 암호명을 아는 사람만 내용을 알아들을 수 있어요. 이렇게 하면 누군가가 비밀경호원의 대화를 엿듣더라도 그것이 사실 포터스에 관한 이야기였다는 걸 모를 테죠.

오늘날 대통령의 암호명은 더 이상 비밀이 아니에요. 대통령 가족에게 암호명을 붙이는 건 전통을 따른다는 의미가 더 크긴 해요. 하지만 대통령은 실제 이름보다 암호명으로 말하는 게 더 편하고 더 빠른 경우가 많겠죠.

주요 미국 대통령들의 암호명

버락 오바마 — 이단자   빌 클린턴 — 독수리
조지 W. 부시 — 개척자   조지 H. W. 부시 — 회색늑대
린든 존슨 — 지원병   존 F. 케네디 — 창기병
로널드 레이건 — 엄한 상사 지미 카터 — 수문장

문자 변환 암호 : 사이퍼

사이퍼(cipher)라는 문자 변환 암호는 특별한 유형의 암호예요. "암호"라면 다 같은 종류를 가리키는 것처럼 사용하는 사람도 있지만, 실제 암호 제작자와 암호 해독자는 유형마다 차이가 있다는 걸 알죠. 문자 변환 암호는 따로 코드북이 없이도 비밀 내용을 알아낼 수 있어요. 그 대신 수학이 필요한 거죠. 놀랐다고요? 수학이 이런 비밀스런 일에 사용될 수 있다니, 정말 굉장하지 않나요? 사실 공학의 한 부분으로 암호 기술(Cryptography)이라는 분야가 있는데, 수학을 활용하여 전하려는 내용을 숨기는 기술을 뜻해요. 어려운 수학 공식을 사용할수록 암호를 풀기가 더 어려워지거든요.

글을 문자 변환 암호로 어떻게 바꾸는지 쉽게 이해하기 위해 도움을 줄 친구들이 있어요. 이제 앨리스와 밥을 만나 보아요.

앨리스와 밥은 사이좋은 친구예요. 사이좋은 친구라면 늘 그렇듯, 둘은

곧잘 비밀 대화를 나누곤 해요. 하지만 꼭 엿듣는 친구가 있기 마련이죠. 우리는 그 친구를 쉽게 이브라고 부르기로 해요.

앨리스는 밥에게 중요한 비밀을 말하고 싶어요. 하지만 염탐꾼 이브가 비밀을 알아내지 못하게 해야 하죠. 비밀 통신 개념을 잘 이해하기 위해 상황을 한번 상상해 보기로 해요. 앨리스가 비밀 편지를 써서 상자에 담고, 앨리스와 밥만이 아는 조합을 사용하여 상자를 잠그죠. 이 과정을 암호화(Encryption)라고 생각할 수 있어요. 잠긴 상자를 받은 밥은 조합을 사용하여 상자를 열어요. 이 과정을 해독(decryption)이라고 여길 수 있어요.

앨리스는 실제 자물쇠를 채우는 대신 문자 변환 암호를 사용하여 비밀 상자를 "잠가요." 그렇게 하면 이브가 상자를 가로채더라도 비밀을 결코 알아낼 수 없을 거예요. 정리하면, 암호화는 앨리스가 밥에게 필요한 문자 변환 암호를 만드는 과정이고, 해독은 밥이 문자 변환 암호를 알아내는 과정이에요.

암호 세계의 특별한 주인공

암호 세계에서 앨리스와 밥은 누구나 인정하는 슈퍼히어로예요. 사악한 해커로부터 디지털 세상을 지키니까요. 지금까지 앨리스와 밥은 함께 많은 어려움을 헤쳐 왔어요. 기웃기웃 몰래 엿보는 이들을 물리치고 디지털 세계를 수도 없이 구한 건 놀라운 힘을 가진 암호화 덕분이었어요.

그런데 앨리스와 밥이 대체 누구냐고요? 그리고 비밀 암호니 뭐니 하는 게 무슨 얘기냐고요?

앨리스와 밥은 이 책의 등장인물로만 그치지 않아요. 암호 기술을 논의하는 중요한 자리에서 이 둘의 이야기를 예로 들곤 하죠. 둘은 암호 기술 세계의 공식적인 주인공이에요. 왜냐고요? 편리하니까요.

암호 기술을 설명하는 건 까다로운 일이기도 해요. 예를 들어 볼게요.

> **A라는 쪽이 B라는 쪽에게 암호화된 메시지를 보낼 때**
> **키를 +5만큼 옮긴 대치암호를 사용해요.**

무슨 말인지 도통 모르겠죠? A, B, 5라니. 못 알아들을 말뿐이네요!

전문가들은 친근한 방법으로 암호 기술이라는 개념을 설명해야 한다는 걸 깨달았어요. 그래서 A 대신 앨리스, B 대신 밥을 쓰자고 생각했죠.

> **앨리스는 밥에게 암호화된 메시지를 보낼 때**
> **대치암호를 사용해요.**

어때요? 쉽게 이해되나요?

앨리스와 밥이라는 이름은 큰 고민 없이 붙여졌는데, 각각 문자 A와 B로 시작하는 이름이기 때문이에요. 시간이 흐르면서 등장인물이 보태지며 암호 기술 이야기가 알차게 엮어졌어요. 캐럴 또는 찰리는 문자 C 대신 쓰여서 암호화된 대화에 제3자로 등장하고, 데이비드와 댄은 문자 D 대신 쓰여서 또 다른 등장인물을 나타내고요. 그렇다면 E는요?

E는 언제나 이야기의 악당을 나타내요. 참견하고 염탐하는 이브 말이에요.

카이사르 암호

오래된 암호 가운데 하나를 발명한 이가 로마 황제 율리우스 카이사르로, 2000여 년 전의 일이에요. 카이사르는 암호를 사용하여 내용을 숨긴 편지를 군대에 보냈다고 해요. 카이사르에게는 적군이 내용을 알아내지 못하게 하는 일이 무척 중요했어요. 지령이 새 나가면 작전 전체를 망치게 될 테니까요. 비밀 통신은 그만큼 매우 중요했고, 아마 카이사르가 크게 성공한 이유 중 하나일 거예요.

율리우스 카이사르

그가 발명한 암호는 카이사르 암호(Caesar cipher)라고 불리곤 해요. 또 대치암호(Substitation cipher)라고 불리기도 하죠. 암호를 만들어내기 위해서 글에 들어간 모든 문자를 다른 문자로 대치했기 때문이에요. 하지만 제멋대로 바꾸지는 않았어요. 그러면 받는 사람이 암호를 해독할 수 없을 테니까요. 카이사르는 대치 체계를 세웠어요. 문자마다 미리 결정한 수만큼 알파벳 순서를 이동하는 규칙을 만든 거죠. 이를 시프트키(Shift key)라고 일컬어요. 예를 들어, 시프트키를 +3으로 정하면 모든 문자를 알파벳 순서대로 세 자리만큼 뒤로 이동하는 거예요. 다시 말해서 글에 들어가 있는 문자 A는 세 자리 떨어져 있는 문자 D가 되는 거죠.

카이사르의 적이 암호문을 손에 넣는다 해도 글처럼 보이지도 않았을 거예요. 적군은 아마 군사 기밀을 손에 넣었다고 생각조차 못 했겠죠.

2000년 전, 카이사르는 비밀이 새 나가지 않도록 하는 것이 자신이 정치계에서 출세하는 열쇠라는 걸 이미 알았던 거예요. 그 뒤 2000년 동안 그 사실은 변함없어요. 오늘날에도 세계 각국 정부와 군대는 비밀을 안전하게 지키는 게 얼마나 중요한지 알고 있으니까요.

율리우스 카이사르가 역사에서 가장 출세한 장군 가운데 한 사람으로 로마 제국의 성장을 이끌어 나갈 수 있었던 힘은 간단한 암호 덕분이었다는 것은 확실해요.

풋볼 경기 코드북

풋볼을 직업으로 삼은 선수들에게 팀의 비밀 코드가 들어 있는 코드북은 신성하게 여겨져요. 수백 페이지 두께의 코드북은 어떤 면에서 선수의 헬멧이나 팀의 유니폼보다 훨씬 중요할 수 있죠. 분실되면 작전에 필요한 비밀 코드를 상대 팀이 모조리 알게 될 테니까요. 어떤 풋볼 선수들은 잃어버릴까봐 몹시 조바심을 내요. 잠을 잘 때도 베개 밑에 감춰 놓을 만큼이요! 한술 더 떠서 혹시나 하는 마음에 화장실까지 갖고 들어가기도 해요.

코드북을 잃어버렸을 때 미국 풋볼연맹에서 내리는 처벌은 무척 무거워요. 선수가 내야 할 벌금이 1만 달러에 이르기도 하니까요! 가차 없는 처벌보다 더 두려운 건 선수가 코치와 동료 선수들에게 받는 심한 꾸지람일지 몰라요.

요즘에는 기술의 발전으로 코드북도 달라지고 있어요. 아이패드에 팀의 코드북을 저장하여 사용하기 때문에 두꺼운 책을 낑낑대며 들고 다니지 않아도 돼요. 아이패드에서 파일은 언제나 비밀번호로 잠가 놓아야 해요. 기기가 없어지거나 도둑맞을 수 있으니까요.

암호를 풀어 볼까요?

여러분은 지금 율리우스 카이사르 군대의 병사입니다. 전쟁터에서 아래와 같은 비밀 메시지를 받았어요.

L fdph, L vdz, L frqtxhuhg!

이 글을 해독하는 게 여러분의 임무예요. 어떻게 하겠어요?

 첫 번째로 알아야 할 건 시프트키예요. 키가 없이 해독하기란 몹시 힘들 거예요. 다행히 전쟁터로 나오기 전에 카이사르는 시프트키가 +3이라고 여러분에게 귀띔했어요. 그렇다면 여러분은 암호를 해독하는 데 필요한 모든 걸 갖고 있는 거예요.

 키가 +3이라면, 다음과 같이 알파벳 순서에서 세 자리만큼 뒤로 이동한 문자로 암호문을 만든 거예요.

A → D
B → E
C → F
D → G
⋮

암호화하기 전 원문의 글을 평문이라 일컬어요. 암호화된 글은 암호문이라고 하고요. 키가 +3일 때, 평문이 어떻게 암호문으로 대치되는지 다음을 보면 알 수 있어요.

| 평문 | A B C D E F G H I J K L M N O P Q R S T U V W X Y Z |
| 암호문 | D E F G H I J K L M N O P Q R S T U V W X Y Z A B C |

이제 암호문 해독을 시작해 볼까요? 암호문의 첫 번째 문자는 L이에요. 이와 짝을 이루는 평문의 문자는 I고요.

똑같은 방식으로 찾아보면, 암호문의 두 번째 문자는 F, 알파벳 순서에서 세 자리를 이동하면, 짝을 이루는 평문의 문자는 C예요.

계속 같은 방법으로 암호문의 알파벳을 하나씩 바꿔 가면, 마침내 해독된 글을 읽을 수 있어요.

I came, I saw, I conquered!
왔노라, 보았노라, 이겼노라!

참 신기하죠!
고마워요, 율리우스 카이사르!
암호에 호기심이 생겼어요!

카이사르 암호의 발전

카이사르 암호가 안전하지 않은 이유

율리우스 카이사르는 군대에 보낼 비밀 지령을 암호화했을 만큼 스스로 무척 영리한 사람이라고 생각했을지 모르지만, 사실 그 암호문은 해독하기가 그리 어렵지는 않았어요. 적이 "L fdph, L vdz, L frqtxhuhg!"라는 암호문을 손에 넣었다면 처음에는 물론 아무 뜻도 없는 글자뿐이라고 생각했을 거예요. 하지만 암호 해독에 관해 조금이라도 알고 있는 사람에게 넘어갔다면, 적은 얼마 걸리지 않아서 "I came, I saw, I conquered!(왔노라, 보았노라, 이겼노라!)"라고 암호문을 해독했을지 몰라요.

   그런데 카이사르 암호는 문제점이 있어요. 알파벳 자리를 이동시킨다는 개념을 적이 알기만 하면 어떤 시프트키가 사용되었는지 모르더라도 하나씩 일

일이 대입하는 방법으로 쉽게 암호를 풀 수 있다는 점이에요. 이 방법을 암호 해독자들은 부르트 포스(brute force)라고 일컬어요. 암호문을 해독하려면, 말이 되는 글이 나올 때까지 가능한 모든 경우를 하나하나 대입해서 찾아야 한다는 뜻이에요.

그렇기 때문에 암호 해독자가 시프트키를 알기만 하면 카이사르 암호는 쉽게 해독할 수 있어요. 영문 알파벳은 26개이므로, 시프트키는 1에서 25까지의 숫자일 거예요. 암호 해독자가 1부터 시작해서 모든 시프트키를 적용해 가면 무언가 읽을 수 있는 글이 언젠가는 나타나는 거죠. 참을성만 있으면 25가지 시프트키를 한 번씩 적용해 보는 게 그다지 오래 걸리지 않을 수도 있어요.

그러니 율리우스 카이사르가 대치암호로 뜻한 바를 이루었다고 해도, 이 암호화 전략은 비밀을 안전하게 지키기에는 충분하지 않았어요. 적이 암호를 이해하기 시작했을 때 (게다가 카이사르는 적이 많았고요) 카이사르의 비밀 지령이 적에게 알려질 가능성은 매우 컸죠. 쉬운 암호 기법으로 제작된 지령이 전시에 적의 손에 넘어간다는 건 바로 패배를 뜻할 수 있어요.

쉽게 해독할 수 있는 취약한 암호문이 가져올 결과를 깨달은 지도자는 율리우스 카이사르만이 아니었어요.

사촌 간의 갈등

16세기에 엘리자베스 1세와 스코틀랜드 여왕 메리는 사촌이지만 불행히도 가까운 사이가 아니었어요. 엘리자베스는 잉글랜드를 통치하는 여왕이

3. 카이사르 암호의 발전

었지만, 메리가 자신의 왕위에 위협이 된다고 믿었어요. 메리를 지지하는 많은 이들은 엘리자베스가 여왕이 될 자격이 없다고 생각했어요. 그들은 어떤 방법을 써서라도 엘리자베스 여왕 자리에 메리를 앉히려고 했어요. 엘리자베

모스 부호

1830년대에 새뮤얼 모스가 발명한 모스 부호는 장거리 통신에 혁명을 일으켰어요. 대부분의 암호가 글을 숨기기 위해 만들어진 것과는 달리, 모스 부호는 글을 전송하는 방식이에요.

모스 부호는 알파벳의 모든 문자마다 (그리고 숫자 0부터 9까지) 점과 선의 조합으로 나타낸 거예요. 점은 전선을 통해 짧은 신호음으로 전송되고, 선은 긴 신호음으로 전송되죠. 이를 수신하는 통신원이 종이에 점과 선으로 바꾸어 적으면, 이는 다시 영문으로 바꾸어 쓸 수 있어요.

모스 부호는 통신에 변화를 일으켜, 한 나라에서 일어난 사건을 곧바로 다른 나라에 알릴 수 있게 되었어요. 또 전쟁의 통신 시스템도 변화시켜 머나먼 곳에 있는 군대와 즉시 통신할 수 있게 되었고요.

새뮤얼 모스

모스 부호를 사용하는 가장 잘 알려진 사례는 전 세계에서 사용하는 조난 신호예요. 점 3개, 그다음 선 3개, 뒤이어 다시 점 3개죠(··· --- ···). 점 3개는 S이고 선 3개는 O를 가리키므로 조난 신호는 SOS라 알려지게 되었어요. 아마 모르는 사람은 없을 거예요. 그런데 어떤 이는 SOS가 "우리 배를 구해 주세요(save our ship)"의 줄임말이라고 잘못 알고 있기도 해요. SOS를 나타낸 점과 선의 조합이 조난 신호로 선택된 이유는 우선 편리하기 때문이고, 다른 어떤 것을 상징하는 말이 아니기 때문이에요.

스 여왕은 그런 생각을 무척 괘씸하게 여겼죠. 그래서 왕위를 지키기 위한 가장 좋은 길이라고 생각한 바를 그대로 실행했어요. 메리를 체포하라고 명령한 거예요.

> **믿거나 말거나**
>
> Q 바이킹은 왜 이메일을 보내지 않을까요?
> A 그들이 더 좋아하는 건 노스(Norse) 부호거든요.
> Norse: 노르드어, 고대의 노르웨이어를 뜻함.

그 뒤 19년 동안 메리는 집에 갇혀 지내야 하는 가택연금을 당했어요. 그동안 요리와 방 청소를 담당하며 시중을 드는 하인과 함께 여러 저택을 옮겨 다니며 살아야 했어요. 그렇다면 메리에게 아주 나쁜 상황은 아니라고 생각할지도 모르겠어요. 물론 끊임없이 감시를 당한다는 사실만 빼고요. 메리는 손님을 만나는 걸 금지당했어요. 메리에게 오는 편지는 모두 엘리자베스의 심복이 먼저 가로채 읽었어요. 심복들은 메리의 동향을 빠짐없이 엘리자베스에게 알렸어요. 세월이 흐르고, 엘리자베스가 사촌을 날이 갈수록 더 의심하게 되면서, 메리의 생활 조건은 점점 나빠졌어요. 메리는 절망을 느끼기 시작했죠.

한편 메리의 지지자들은 나날이 수가 많아졌어요. 엘리자베스는 사촌의 위세를 얕잡아보고 있었던 걸까요! 엘리자베스의 가장 충직한 조언자들은 여왕에게 메리 문제를 뿌리 뽑으라고 재촉했어요. 그들이 엘리자베스에게 바라는 것은 메리를 사형시키라는 명령이었죠. 하지만 엘리자베스는 사형 선고를 내리는 데 주저했어요. 메리는 어쨌든 사촌이잖아요. 혈육에게 사형을 선고하는 일은 엘리자베스가 아무렇게나 처리할 일이 아니었어요.

3. 카이사르 암호의 발전

그러던 어느 날, 메리의 지지자들 중 몇몇이 엘리자베스 여왕을 살해할 음모를 비밀리에 꾸미기 시작했어요. 엘리자베스를 제거하기만 하면 메리가 마침내 새로운 여왕으로 등극할 수 있을 테니까요.

메리의 지지자들은 엘리자베스를 죽일 은밀한 계획을 짰어요. 이 음모를 메리에게 알려야 했지만, 메리의 일거수일투족이 엘리자베스 친위대의 감시를 받고 있었기 때문에 쉽지 않았어요. 하지만 곧 비밀 암호키가 만들어졌고 맥주통 안에 숨겨 메리에게 전해졌어요. 메리의 감시병들은 비밀 편지가 메리에게 전해진 걸 꿈에도 몰랐어요. 비밀 암호키를 통해 메리와 메리의 지지자들은 이제 암호화된 소식을 주고받을 수 있었어요. 맥주통이 암호를 숨기는 데 제격이어서 그들은 이 전달 방식을 계속 이용하여 모든 소식을 전했어요. 이렇게 메리와 지지자들은 감시병을 속일 방법을 찾아낸 거예요.

하지만 그건 메리와 지지자들의 착각이었을지도 몰라요.

결국 메리는 반역죄로 체포되어 재판을 받았거든요. 하지만 그때에도 엘리자베스는 메리에게 사형 선고를 내려야 할지 망설였어요. 어쨌든 메리는 사촌이니까요! 같은 핏줄을 죽이는 건 엘리자베스로서도 견디기 어려울 거예요. 메리를 처형하라는 명령을 내리려면 먼저 메리가 유죄라는 분명한 확신이 필요했어요. 의심할 필요가 없는 증거 말이에요.

메리에게 몰래 전해진 비밀 편지들이 있었죠? 끝내 이 편지들은 엘리자베스의 핵심 첩보 지휘관인 프랜시스 월싱엄 경이라는 사람 손에 들어갔어요. 하지만 암호로 적혀 있었으니 엘리자베스 여왕은 내용을 알 수 없었겠죠? 해독하기가 몹시 어려운 암호라면, 메리는 사형 선고를 피할 기회를 얻을 수 있을 거예요. 메리의 목숨은 암호 기술에 달려 있었죠.

하지만 메리는 취약한 암호만을 믿을 수밖에 없는 상황이었고, 첩보 지휘관인 월싱엄은 무척 영리한 암호 기술자들을 거느리고 있었어요. 그 비밀 내용을 알아내는 건 이제 식은 죽 먹기였죠.

그런데 이야기는 거기서 끝나지 않아요. 충성심이 컸던 월싱엄은 엘리자베스 여왕을 향한 메리의 위협을 영원히, 확실하게 없애 버리고자 했어요. 비밀 편지를 엘리자베스에게 건네기 전에 그는 메리의 편지 끄트머리에 추신을 덧붙였어요. 추신은 메리의 글씨체로 위조되었고, 똑같은 암호키를 사용해서 메리가 보내는 것처럼 보였어요.

새 글에는 메리가 자신의 사촌 엘리자베스 여왕의 암살을 승인하는 내용이 담겼어요. 그러니 이제, 위조된 편지에 따르면 메리는 암살 음모를 알고 있었을 뿐 아니라 암살을 허락했음이 분명한 거예요.

당연히 메리에게는 아주 나쁜 소식이죠.

재판에서 메리는 유죄가 인정되었고 결국 사형 선고를 받았어요.

소설 속의 암호

암호를 둘러싼 수수께끼와 비밀스러움은 언제나 흥미진진한 이야기의 재료가 되죠. 그러니 암호 기술이 고전문학에 단골처럼 등장하는 건 놀라운 일이 아닐 거예요.

쥘 베른의 《지구 속 여행》에서 등장인물들은 신비한 양피지에 적힌 암호문을 해독하면서 여행을 시작해요.

아서 코난 도일 경 또한 암호 기술을 이야깃거리로 삼았어요. 사실 그의 이름난 주인공 셜록 홈즈는 암호 기술 전문가예요. 셜록 홈즈의 가장 인상적인 사건 가운데 "춤추는 사람 그림"에 대한 이야기가 있어요. 동그라미와 선으로만 이루어진 춤추는 사람 그림이 바로 해독해야 할 암호였죠.

에드거 앨런 포는 암호 기술에 관심을 가졌던 또 다른 작가예요. 미국의 육군으로 복무한 몇 해 동안 암호에 대한 관심이 커졌다고 해요. 암호 기술과 암호는 군대에서 날마다 마주하는 일이니까요. 그의 "황금벌레"는 묻혀 있는 보물에 관한 정보가 담긴 암호문을 둘러싸고 펼쳐지는 이야기예요.

열쇳말 암호와 또 다른 암호

암호 해독자들이 카이사르 암호처럼 단순한 암호문을 해독하는 실력이 늘어가자, 암호 제작자들은 암호화하는 솜씨가 더 나아져야 한다는 걸 깨달았어요. 그래서 더욱 발전된 암호화 절차를 발명하여 암호 해독자들을 방해하려 했어요. 그런 암호화 전략 중에 열쇳말 암호(keyword cipher)가 있어요. 시프트키를 사용하는 카이사르 암호와 달리, 열쇳말 암호는 특별한 낱말을 키로 사용해요.

하나의 예를 들어 볼게요. 율리우스 카이사르는 자신의 군대가 로마를 떠난 뒤에도 비밀스럽게 군대와 소식을 주고받아야 해요. 장군들이 전쟁터로 떠나기 바로 전에, 그는 장군들이 전장에서 자신의 지령을 해독하기 위해 사용하게 될 비밀 열쇳말을 알려 주어요. 여기서는 그 열쇳말을 당연히 CAESAR라고 할게요. 율리우스 카이사르가 자기를 무척 중시하는 사람이란 걸 누구나 알고 있으니까요. 하지만 그 낱말로 어떻게 암호화하는 걸까요? 그가 사용했을 방법을 알려 줄게요.

먼저 알파벳의 모든 문자를 써 놓아요. 그다음에 한 줄로 쓴 알파벳 아래에 열쇳말을 적는데, 열쇳말에서 한 번 나온 문자는 다시 쓰지 않아요.

```
A B C D E F G H I J K L M N O P Q R S T U V W X Y Z
C A E S R
```

"CAESR"는 철자를 잘못 쓴 게 아니에요. A는 열쇳말 앞쪽에서 이미 나왔으니까 뒤쪽에 다시 쓰지 않는 거예요.

그리고 나머지 알파벳을 순서대로 쓰는데, 열쇳말에 나온 문자는 건너뛰어요.

```
A B C D E F G H I J K L M N O P Q R S T U V W X Y Z
C A E S R B D F G H I J K L M N O P Q T U V W X Y Z
```

CAESAR를 열쇳말로 삼으면, 모든 A는 C로 바뀌고, 모든 B는 A로 바뀌고, 모든 C는 E로 바뀌죠. 이렇게 원래의 문자가 다른 문자로 바뀌어요. 카이사르가 장군들에게 보낸 메시지는 이렇게 보였을 거예요.

Cttcei ct scwl!

열쇳말을 대입하여 암호문을 해독하면 다음과 같아요.

Attack at dawn!
새벽에 쳐들어가라!

열쇳말 암호를 사용하면서 암호 제작자들의 암호화 기술이 더 나아졌다는 걸 알 수 있을 거예요. 열쇳말이 없다면 해독하는 게 더 어렵겠지만 아주 불가능하지는 않아요.

그렇다면 또 다른 암호화 전략을 상상해 보아요. 단순한 카이사르 암호나 열쇳말 암호 대신 변환 과정이 더 보태진 방법으로 문자를 훨씬 복잡하게 뒤섞는 방법으로요. 둘 이상의 열쇳말을 조합하여 쓰는 전략도 있지 않을까요? 암호문의 문자를 다른 문자가 아니라 숫자나 문양으로 바꾸는 방법은 어때요? 이런 작전이라면 암호 해독자의 일이 더 힘들어지리라 짐작할 수 있어요. 그리고 그것이야말로 암호 제작자의 최고 목표죠. 암호 해독자를 괴롭히는 것 말이에요.

 # 암호를 풀어 볼까요?

몇몇 암호문은 카이사르 암호나 열쇠말 암호 같이 문자를 다른 문자로 대치해 놓은 거예요. 하지만 다른 유형의 문자 변환 암호도 있어요.

이번에는 문자를 숫자로 바꾸어 쓰는 폴리비우스 암호(Polybius cipher)를 알아보아요.

폴리비우스 표는 다음과 같이 가로 다섯 칸, 세로 다섯 칸으로 이루어져 있고, 칸마다 문자가 하나씩 들어가요. 아래처럼요.

	1	2	3	4	5
1	A	B	C	D	E
2	F	G	H	I/J	K
3	L	M	N	O	P
4	Q	R	S	T	U
5	V	W	X	Y	Z

(이상하다고요? 맞아요, I와 J가 한 칸에 같이 들어 있어요. 그래도 괜찮아요. 정말로요.)

이제 하나의 문자를 숫자로 바꾸는 거예요. 문자가 놓인 행(가로)의 숫자를 먼저 쓰고 열(세로)의 숫자를 이어서 쓰죠. 예를 들어 C는 숫자 13으로 바꾸어 쓸 수 있어요. 폴리비우스 표를 사용하여 "CAT"라는 낱말을 암호화하면 131144라는 암호문이 생겨요.

간단하죠?

직접 암호 해독에 도전하고 싶은 마음이 든다고요? 그러면 아래의 수수께끼를 한 번 풀어 보겠어요?

Q 많아지기만 하고 적어지지는 않는 건은?

자, 수수께끼 답이 무언일지 잠깐 고민해 보세요.

알쏭달쏭한가요? 답을 알고 싶은 친구들은 폴리비우스 표를 사용하여 아래의 암호문을 해독해 보세요.

54344542 112215

그림으로 말하는 암호

돼지우리 암호

대체로 암호문을 만들 때는 전하는 내용이 담긴 원문을 다른 문자나 숫자로 바꾸어 쓰죠. 내용을 알아서는 안 되는 사람이 보게 되더라도 전혀 읽을 수 없게 말이에요.

하지만 암호 기술은 비밀을 감추는 일이고, 비밀을 감추는 방법은 많아요. 문자를 다른 문자로 바꿔 쓰는 대신 암호화하기 위해 문양을 사용할 수 있어요. 그런 기법 중에 흔히 **돼지우리 암호**(pigpen cipher)라고 일컬어지는 것이 있어요. 네모난 모양이 돼지우리로, 점이 우리 안의 돼지처럼 보이기 때문에 붙여진 이름이죠. 물론 상상력을 한껏 펼쳐야 돼지와 돼지우리가 보이겠지만 말이에요. 돼지우리 암호가 어떤 것인지 살펴볼까요?

> 이게 바로 돼지우리 암호로
> 쓴 암호문이에요!

ㅁㅁㄴ⌐<˙⌐>

  문자가 아니라 문양을 사용하는 암호이기 때문에 누군가 위의 편지를 가로채더라도 저 안에 비밀이 담겨 있을 거라고 알아채지는 못할 거예요. 아무렇게나 그린 그림이라고 여기겠죠.

  돼지우리 암호를 해독하려면, 아래 표를 사용하여 문자마다 해당하는 문양으로 하나씩 바꾸어야 해요.

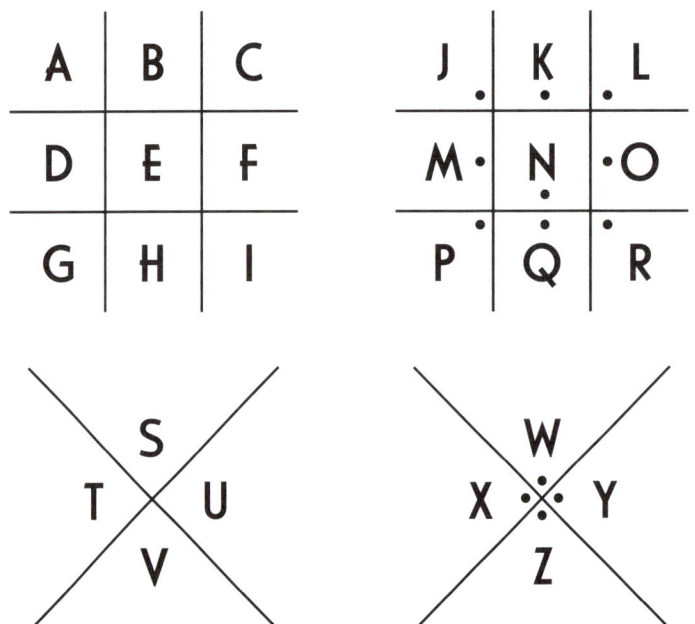

  문자를 둘러싸고 있는 "돼지우리"의 그림이 각 문자를 나타내는 방식으로 만든 암호예요. 문자 하나를 둘러싸고 있는 선과 그 선 안에 찍힌 점이 문양이 되죠.

예를 들면 다음과 같아요.

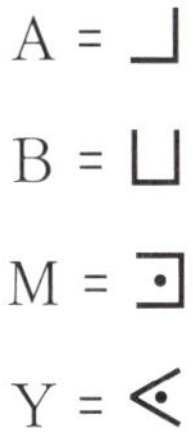

A = ⌐
B = ⊔
M = ⊡
Y = ＜

표를 보고 다음의 돼지우리 암호를 해독해 보아요.

⌐⌐⌐⌐⊔ ＞⊓⊓ ⌐⊡⊐⊐

첫 번째 문자를 대신하고 있는 문양 ⌐은 왼쪽의 표에서 C에 해당해요. 똑같은 방법으로, 두 번째 문자를 대신하는 문양 ⌐은 R이라는 걸 알 수 있어요. 이렇게 문양을 하나하나 해독해 가면 문양들은 다음의 문장으로 변할 거예요.

Crack the code
암호를 풀어라.

비밀 단체 프리메이슨

많은 단체가 돼지우리 암호를 사용하여 비밀 통신을 했지만, 그중에 프리메이슨이 가장 잘 알려진 예일 거예요. 프리메이슨은 역사상 가장 오래되고 가장 수수께끼 같은 단체 가운데 하나예요. 이 때문에 돼지우리 암호는 프리메이슨 암호라고 일컬어지기도 하죠.

프리메이슨을 둘러싼 신화와 전설은 참 많아요. 많은 사람들은 미국 1달러 지폐에 담긴 미완성 피라미드 꼭대기의 '모든 것을 바라보는 눈'이 프리메이슨의 상징이라고 믿죠. 미국 초기의 대통령인 조지 워싱턴과 제임스 먼로 두 사람이 프리메이슨이었다는 건 잘 알려진 사실이에요. 벤자민 프랭클린 같이 미국 정치가 중에서도 몇몇 있었다고 해요. 프리메이슨은 비밀스런 의식과 관습으로 유명해서 비밀 암호, 비밀 악수, 비밀 낱말 등을 사용했어요. 그러니 그들이 중요한 문제를 외부에 들키지 않도록 메시지를 암호화할 방법을 필요로 했다는 건 당연한 일일 거예요. 이를 위해 돼지우리 암호를 선택한 거죠. 돼지우리 암호는 프리메이슨이 적어도 18세기부터 사용했다고 해요.

돼지우리 암호의 흥미로운 예 하나를 오늘날 뉴욕 업무지구 근처에 위치한 트리니티 교회에서도 볼 수 있어요. 교회에 딸린 한 묘지에 제임스 리슨이라는 사람의 묘비가 있는데, 1794년 9월 28일에 숨을 거두었다는 사실 말고 그의 삶에 관해서 알려진 바는 거의 없어요. 하지만 죽고 나서 크게 유명해진 사람이에요. 그가 선택한 묘비 장식 때문이죠. 날개 달린 모래시계, 불꽃이 피어오르는 잔, 그리고 컴퍼스. 이 모든 그림은 프리메이슨의 중요한 상징이거든요.

하지만 그게 전부가 아니에요!

묘비 윗부분에 네모 모양의 표시가 한 줄로 그려져 있어요. 영리한 암호 해독자들은 이 표시가 돼지우리 암호의 일부라는 걸 깨달았어요. 풀어 보니

프리메이슨 문양이 그려져 있는 제임스 리슨의 묘비

이런 말이었죠. "Remember Death(죽음을 기억하라)."

수수께끼를 작곡하다

돼지우리 암호는 글을 암호화하기 위해 사용하는 문양 가운데 하나의 예일 뿐이에요. 다음을 볼까요? 무슨 말인지 이해할 수 있겠어요?

전혀 모르겠다고 자신을 나무라지는 말아요. 세계에서 가장 뛰어나다는 암호 해독자도 알지 못하니까요!

위의 암호문은 유명한 작곡가 에드워드 엘가가 1897년에 만들었어요. 에드워드 엘가라는 이름은 알지 못할 수도 있지만, 졸업식에 참석한 적이 있다면 아마 그의 음악을 들었을 거예요. 그가 작곡한 "위풍당당 행진곡"은 미국 모든 곳의 졸업식에서 거의 늘 연주되는 곡이거든요.

에드워드 엘가는 뛰어난 작곡가일 뿐만 아니라 암호와 암호문에도 깊은 관심이 있었어요. 어느 날 엘가는 수수께끼 같은 암호문을 써서 가깝게 지내는 도라 페니 양에게 보냈어요. 그는 이 젊은 친구를 도라벨라라는 애칭으로 불렀기 때문에 이 암호는 흔히 도라벨라 암호라 일컬어져요.

도라벨라 암호는 100년 넘게 암호 해독자들을 괴롭혀 왔어요. 알아낸 건 암호문에 87개의 문양이 들어 있고, 서로 다른 고유한 문양이 24개라는 사실이죠. 이 87개의 문양이 들쭉날쭉 이어져 3개의 줄을 이루고 있고, 문양은 전부 반원이 서로 다른 조합으로 이뤄진 모습을 하고 있어요. 하지만 자세히 들여다보면 대부분 영문자 E를 서로 다른 각도로 기울여 손으로 쓴 것처럼 보여요. 많은 사람이 에드워드 엘가라는 이름의 첫 글자 E. E.를 나타낸다고 짐작할 뿐이에요.

도라벨라 암호에 관해 알려진 바가 거의 없고, 이 편지를 제대로 풀이한 사람은 여태까지 아무도 없어요. 이 암호문이 편지가 아니라 어쩌면 악보일 것이라고 생각하는 이도 많죠. 분명히 그럴 수 있어요. 엘가는 유명한 작곡가였으니까요. 이에 반대하는 이들은 문양 하나가 영문자 하나를 나타내는 대치 암호를 나타낸다고 굳게 믿어요. 이 또한 가능성이 있어요. 그래서 암호 분석가들도 이 가능성에 기대어 암호를 풀려고 노력했죠. 암호를 분석하고 일정한 규칙을 찾아내어 암호를 해독하는 사람인 "암호 분석가"는 암호 해독자를 가리키는 멋진 말이에요.

도라벨라 암호를 분석하는 암호 분석가라면 일정한 규칙을 찾아내려 할 거예요. 도라벨라 암호에 24개의 고유한 문양이 있고, 영어 알파벳이 26개라는 걸 생각하면, 하나의 문양이 하나의 영문자를 나타낼 가능성이 커요. 그리고 도라벨라 암호문은 굉장히 짧아요. 딱 87개의 글자만 사용했기 때문에, 24개의 문자가 사용되는 것이 적절해 보일 수 있어요. E, A와 T처럼 흔히 쓰는 문자는 몇 번을 거듭해서 쓰이지만, Q, X와 Z처럼 흔히 쓰지 않는 문자는 전혀 쓰이지 않을 수 있죠. 이 분석 방법을 빈도분석이라 하는데, 영어에서 일부 문자가 다른 문자보다 더 자주 쓰인다는 사실을 이용하는 거예요.

하지만 빈도분석으로도 도라벨라 암호문은 여전히 풀리지 않았어요. 복잡한 암호를 푸는 데 사용되어 온, 무척 믿음직스러운 기법인데도요. 암호문을 받은 도라 페니조차 내용을 해독할 수 없었어요.

줄리언 로이드 웨버는 엘가학회(맞아요, 에드워드 엘가는 연구학회도 있어요) 대표로서 수수께끼 같은 작곡가에 관해 다음과 같이 말했어요. "그에게는 짓궂은 면도 있었다. 사람들에게 장난치는 것을 좋아했다. 소녀에게 그런 걸 보낸 것도 그런 장난의 하나였을 것이다. 딱하게도 그 소녀는 절대 해독하지 못한다는 걸 그는 알고 있었다."

그러니 100년이 훨씬 더 지난 지금까지도 세계에서 가장 뛰어난 암호 해독가들조차 에드워드 엘가의 엄청나게 짓궂은 장난에 골탕을 먹고 있는 건지도 몰라요!

번역과 해독

영어 문자 또는 모든 언어의 문자는 사실 문양이라는 것을 기억하는 게 중요해요.

잠깐 생각해 보아요.

문자 P를 보면 그 문자가 영어에서 어떤 소리를 내는지 곧바로 알 수 있죠?

하지만 P는 사실 하나의 문양으로서, 영어 문자가 만들어질 때 그 소리와 결부시켰을 뿐이에요.

자, 여러분이 러시아어로 말하는 사람이라고 가정해 보죠. 러시아 문자 가운데에는 영어 알파벳으로 보이면서 똑같은 소리가 나는 것도 있지만, 완전히 다른 소리가 나는 것들도 있어요. 여러분이 러시아어로 말하는 사람인데 P를 본다면, 영어로 말하는 사람이 그 문자를 보고 떠올리는 소리와는 완전히 다른 소리를 생각할 거예요. P라는 기호는 똑같지만 영어의 R 소리를 내기 때문이에요. 러시아 사람은 "포트(POT)"라는 낱말을 "로트(ROT)"라고 읽어요. 러시아어에서 P는 영어와 완전히 다른 소리를 내니까요.

외국어 알파벳을 문양이라고 생각하면, 이해할 수 없는 외국어를 암호 기술을 사용하여 해독할 수 있지 않을까요? 당연히 그럴 수 있어요! 여러분이 만약 러시아 낱말을 본다면 이런 혼잣말을 할지도 몰라요. "이건 사실 영어로 쓰인 거야. 하지만 몇 가지 낯선 문양으로 암호화되어 있어. 이제 해독해 보자." 하고 말이에요. 구글 번역기 같은 프로그램이 바로 이렇게 하는 거예요. 암호 기술 기법을 사용하여 외국어 기호를 해독하고 낱말로 번역하죠.

또한 이 기법은 스웨덴과 미국의 합동 연구팀이 오늘날 코피알레 암호(copiale cipher)라고 알려진 원고를 해독하는 데에도 사용되었어요. 18세기 후반에 쓰인 이 원고는 상당한 분량으로 신비한 문양과 로마자가 들어 있어요. 처음 문양을 보았을 때, 연구자들은 암호 해독을 어떻게 시작해야 할지 감을 전혀 잡지 못했어요. 해독해야 할 언어가 어떤 언어인지도 몰랐으니까요. 그래서 연구팀에 언어를 연구하는 언어학자가 함께하는 것이 꼭 필요해졌어요. 그때 언어학자는 암호 기술에 아무런 경험이 없었지만, 구글 번역기 같은 기계 번역 기술에 경험이 있었거든요. 마침내 연구팀은 실마리를 충분히 모아서 원문이 독일어일 거라는 데 의견을 같이했어요. 그리고 연구자들은 알려진 독일어의 특성들을 사용하여 원고를 해독하기 시작했어요.

시간은 조금 걸렸지만, 마침내 고생한 보람을 얻었어요. 안과학 동맹이라는 비밀 단체의 의식을 자세히 설명한 원고라는 걸 알아냈으니까요. 눈과 안과 수술에 관심을 지닌 단체가 분명했어요.

뭔가 오싹하다고요?

정말 그렇긴 해요. 단체에 가입하려는 후보자는 눈썹에서 털 한 가닥을 뽑아내는 수술을 받는 가입 의식도 기록되어 있었다니, 정말 웃지 못할 일이죠.

그런데 이 원고를 해독하는 게 왜 그렇게 중요한 일이었을까요? 물론 옛날 암호문을 해독한다는 건 정말 멋진 일이고, 또 그것을 위해 현대 암호 기술을 사용한다는 건 아주 굉장한 일이에요.

하지만 그런 사실 말고도, 해독된 원고는 역사학자들에게도 중요해요. 비밀 단체는 18세기에 매우 성행했고, 정치 혁명에 직접 영향을 미쳤어요. 정치사상이 사회에 어떻게 퍼져 갔는지 이해하고자 하는 사학자들은 오래된 원고에서 찾을 수 있는 정보를 통해 정치 혁명의 길을 추적할 수 있어요.

그렇다면 눈 수술이 정치와 어떤 관계가 있는지 궁금증이 생길 수밖에 없는 거예요. 그 부분은 조금 이상하지만, 비밀 단체가 사용하는 중요한 상징물이 바로 눈이라는 걸 알면 이해가 갈 거예요. 눈은 무언가를 본다는 걸 나타내고, 이는 세상의 진리와 지식으로 이어진다고 생각할 수 있으니까요.

눈을 상징으로 사용한 또 다른 단체를 떠올릴 수 있나요? 맞아요! 비밀 암호를 사용했다는 프리메이슨이 있죠! 그 단체의 상징이 바로 모든 것을 바라보는 눈이었죠. 공통점이 있는 것 같나요?

암호를 풀어 볼까요?

또 다른 암호 해독에 도전할 준비가 되었나요? 돼지우리 암호를 사용하여 다음 수수께끼를 풀어 보아요.

Q 누구나 하나씩 갖고 있지만 아무도 잃어버리지 않아요. 그것은 무엇일까요?

A ∨⊓⌐⊐⋅∨

보물과 암호 편지

미스테리 손님

어딘가에 묻혀 있는 보물이 있다면 당장 찾으러 가고 싶나요? 당연히 그럴 거예요! 누가 안 그렇겠어요?

아마 그렇게 하려면 수수께끼처럼 풀기 어려운 암호를 해독하기만 하면 되겠죠. 간단하죠?

어마어마한 보물이 발견되지 않은 채 묻혀 있다고 알려주는 이야기가 하나 있어요. 그리고 그 보물의 가치는 오늘날로 따지면 6000만 달러가 훨씬 넘는대요. 진짜 엄청나게 큰돈이죠!

100년이 넘도록 보물 사냥꾼들을 괴롭혀 온 수수께끼를 풀기만 해도 그 명예로움 또한 꽤 값어치 있는 일이 아니겠어요?

전설은 1820년 겨울, 미국 버지니아 주 린치버그 시에서 시작되어요. 토머스 제퍼슨 빌이라는 이름의 어떤 사람이 워싱턴 호텔에 오랜 기간 머물기로 했어요. 호텔 주인의 이름은 로버트 모리스예요.

토머스 빌은 석 달 동안 워싱턴 호텔에 묵었는데, 아무도 그에 관해서 아는 게 없었어요. 어디서 온 건지, 또는 무슨 일로 린치버그에 왔는지 말이에요.

석 달 뒤에 빌은 훌쩍 워싱턴 호텔을 떠나요. 떠난다는 사실도 알리지 않고, 아무도 그가 어디로 가는지 몰라요. 말 한마디 없이 훌훌 떠난 거예요.

그리고 버지니아 주 린치버그 시의 시간은 조용히 흘러가요.

그러다가 2년 뒤인 1822년 겨울, 토머스 빌이 워싱턴 호텔로 돌아와요. 지난 2년간 어디에서 지냈는지 밝히지 않고, 린치버그에 무슨 일로 왔는지도 여전히 말하지 않아요. 빌은 그 겨울 동안 린치버그에 머물면서 볼일을 보고 꾸준히 이웃과 사귀어요. 하지만 봄이 다시 찾아오고, 2년 전에 그랬던 것처럼 빌이 떠날 때가 다가와요. 하지만 이번에는 호텔 주인 로버트 모리스에게 작은 비밀을 털어놓기로 마음먹어요. 빌은 워싱턴 호텔에 머무는 동안 모리스를 잘 알게 되었죠. 모리스는 품위와 기품이 있는 사람이어서 안심하고 비밀금고를 맡겨둘 수 있다고 생각했어요.

빌은 모리스에게 잠긴 금고를 건네며, 안에 소중한 문서가 들어 있다고 말해요. 그리고 자신이 돌아올 때까지 또는 소식을 전할 때까지 안전하게 보관해 달라고 부탁해요.

그래서 모리스는 금고를 받아 안전한 장소에 두지요. 단 한마디도 묻지 않고, 열어 보려고도 하지 않아요. 몇 달 뒤, 모리스는 빌로부터 편지를 한 통 받아요. 편지에는, 거기서

1100킬로미터도 넘게 떨어진 곳, 미주리 주 세인트루인스의 소인이 찍혀 있어요.

편지를 뜯어 본 모리스는, 빌이 초원을 누비며 버펄로 사냥을 하고 있다는 걸 알게 되어요. 그리고 빌이 떠나면서 모리스에게 맡긴 금고에 관한 이야기도 적혀 있어요. 금은보화에 관한 내용이 적힌 중요한 문서가 금고에 들어 있는 내용과 함께 적어도 10년 동안 금고를 맡아 달라고 부탁해요. 10년이 지난 뒤에도 자신이 돌아오지 않으면, 그때는 자물쇠를 부수고 열어도 좋다고요.

편지에 따르면, 금고에 담긴 문서의 내용을 읽으려면 암호키가 있어야 한대요. 그리고 빌은 10년 안에 키를 보낼 것이고, 그러면 암호문을 읽을 수 있을 거라고 장담하죠.

모리스는 부탁대로 그 뒤 10년 동안 금고를 보관했어요. 하지만 빌은 워싱턴 호텔로 돌아오지 않았어요. 빌이 약속했던 키 있죠? 그것 또한 오지 않았어요. 모리스는 빌과 빌의 동업자들이 뜻밖의 문제로 늦어지는 거라고만 짐작했을 거예요. 아무튼 때는 1800년대였으니까요. 그때만 해도 여행은 힘들고 쉽지 않은 일이었어요. 모리스는 언젠가는 그가 돌아올 거라 생각했어요.

하지만 빌은 결코 버지니아로 돌아오지 않았어요.

약속했던 키도 오지 않았어요.

하지만 참을성 있는 사람인 모리스는 10년이 지난 뒤에는 열어볼 수 있었는데도 열지 않았어요. 23년 동안 금고를 안전하게 보관한 끝에 모리스는 빌이 결코 돌아오지 않을 것이고 아마 키도 도착하지 않을 것이라는 사실을 받아들였어요. 마침내 결심을 하고 자물쇠를 부수어 금고를 열었어요.

그 안에는 편지가 또 있었어요. 그들이 처음 만나기 전 3년 동안의 이야기가 담겨 있다는 편지였어요. 편지 내용에 따르면 빌과 친구들은 길을 떠나 초원을 누비며 버펄로를 사냥했어요. 버펄로 무리를 쫓던 그들에게 무언가가 눈에 띄었는데, 바위의 갈라진 틈에서 금맥이 보인 거예요. 바로 황금이었어요!

  빌과 친구들은 그 뒤 18개월 동안 금을 캤어요. 그동안 상당한 재산을 모았고, 어디에 숨겨야 할 만큼 많아졌어요. 그들은 보물을 버지니아에 있는 자신들의 집 가까운 곳에 묻어 두기로 했고, 이 중요한 일을 토머스 빌에게 맡겼어요. 빌은 워싱턴 호텔에 처음 와서 묵는 동안 숨겨둘 비밀 장소를 찾아냈고 보물을 묻었어요. 그리고 워싱턴 호텔에서 겨울을 혼자 지낸 뒤, 다시 초원의 친구들과 합류하여 그 뒤 2년 동안 계속 금을 캤어요. 재산은 훨씬 더 불어났죠.

  더 캐낸 금은 어떻게 했을까요? 물론 나머지 보물과 함께 묻어야겠죠. 그래서 빌은 다시 린치버그에 왔어요. 숨겨야 할 보물꾸러미를 또 한 번 갖고 온 거예요. 하지만 이 두 번째 여행 때 그에게는 임무가 하나 더 있었어요. 그에게 무슨 일이 생길 경우를 대비해서, 금고를 믿고 맡길 사람을 찾아야 하는 거였어요.

  그가 선택한 사람이 바로 워싱턴 호텔 주인, 로버트 모리스 씨였죠.

  빌의 편지 말고도 금고에는 문서 3장이 더 들어 있었어요. 저마다 뜻 모를 숫자들이 빼곡하게 있는 문서였어요.

  이후에 빌 암호(Beale ciphers)라 알려진 3장의 종이는 무척 중요한 정보를 담고 있어요.

```
71, 194, 38, 1701, 89, 76, 11, 83, 1629, 48, 94, 63, 132, 16, 111, 95, 84, 341, 975,
14, 40, 64, 27, 81, 139, 213, 63, 90, 1120, 8, 15, 3, 126, 2018, 40, 74, 758, 485,
604, 230, 436, 664, 582, 150, 251, 284, 308, 231, 124, 211, 486, 225, 401, 370,
11, 101, 305, 139, 189, 17, 33, 88, 208, 193, 145, 1, 94, 73, 416, 918, 263, 28, 500,
538, 356, 117, 136, 219, 27, 176, 130, 10, 460, 25, 485, 18, 436, 65, 84, 200, 283,
118, 320, 138, 36, 416, 280, 15, 71, 224, 961, 44, 16, 401, 39, 88, 61, 304, 12, 21,
24, 283, 134, 92, 63, 246, 486, 682, 7, 219, 184, 360, 780, 18, 64, 463, 474, 131,
160, 79, 73, 440, 95, 18, 64, 581, 34, 69, 128, 367, 460, 17, 81, 12, 103, 820, 62,
116, 97, 103, 862, 70, 60, 1317, 471, 540, 208, 121, 890, 346, 36, 150, 59, 568,
614, 13, 120, 63, 219, 812, 2160, 1780, 99, 35, 18, 21, 136, 872, 15, 28, 170, 88, 4,
30, 44, 112, 18, 147, 436, 195, 320, 37, 122, 113, 6, 140, 8, 120, 305, 42, 58, 461,
44, 106, 301, 13, 408, 680, 93, 86, 116, 530, 82, 568, 9, 102, 38, 416, 89, 71, 216,
728, 965, 818, 2, 38, 121, 195, 14, 326, 148, 234, 18, 55, 131, 234, 361, 824, 5,
81, 623, 48, 961, 19, 26, 33, 10, 1101, 365, 92, 88, 181, 275, 346, 201, 206, 86,
36, 219, 324, 829, 840, 64, 326, 19, 48, 122, 85, 216, 284, 919, 861, 326, 985,
233, 64, 68, 232, 431, 960, 50, 29, 81, 216, 321, 603, 14, 612, 81, 360, 36, 51, 62,
194, 78, 60, 200, 314, 676, 112, 4, 28, 18, 61, 136, 247, 819, 921, 1060, 464, 895,
10, 6, 66, 119, 38, 41, 49, 602, 423, 962, 302, 294, 875, 78, 14, 23, 111, 109, 62,
31, 501, 823, 216, 280, 34, 24, 150, 1000, 162, 286, 19, 21, 17, 340, 19, 242, 31,
86, 234, 140, 607, 115, 33, 191, 67, 104, 86, 52, 88, 16, 80, 121, 67, 95, 122, 216,
548, 96, 11, 201, 77, 364, 218, 65, 667, 890, 236, 154, 211, 10, 98, 34, 119, 56,
216, 119, 71, 218, 1164, 1496, 1817, 51, 39, 210, 36, 3, 19, 540, 232, 22, 141, 617,
84, 290, 80, 46, 207, 411, 150, 29, 38, 46, 172, 85, 194, 39, 261, 543, 897, 624, 18,
212, 416, 217, 107, 102, 6, 12, 101, 418, 16, 140, 230, 460, 538, 19, 27, 88,
612, 1431, 90, 716, 275, 74, 83, 11, 426, 89, 72, 84, 1300, 1706, 814, 221, 132,
40, 102, 34, 868, 975, 1101, 84, 16, 79, 23, 16, 81, 122, 324, 403, 912, 227, 936,
447, 55, 86, 34, 43, 212, 107, 96, 314, 264, 1065, 323, 428, 601, 203, 2, 124, 95, 216,
814, 2906, 654, 820, 2, 301, 112, 176, 213, 71, 87, 96, 202, 35, 10, 2, 41, 17, 84,
221, 736, 820, 214, 11, 60, 760.
```

```
317, 8, 92, 73, 112, 89, 67, 318, 28, 96, 107, 41, 631, 78, 146, 397, 118, 98, 114,
246, 348, 116, 74, 88, 12, 65, 32, 14, 81, 19, 76, 121, 216, 85, 33, 66, 15, 108, 68,
77, 43, 24, 122, 96, 117, 36, 211, 301, 15, 44, 11, 46, 89, 18, 136, 68, 317, 28, 90,
82, 304, 71, 43, 221, 198, 176, 310, 319, 81, 99, 264, 380, 56, 37, 319, 2, 44, 53,
28, 44, 75, 98, 102, 37, 85, 107, 117, 64, 88, 136, 48, 154, 99, 175, 89, 315, 326,
78, 96, 214, 218, 311, 43, 89, 51, 90, 75, 128, 8, 67, 373, 85, 663, 85, 26, 41, 246,
84, 270, 98, 116, 32, 59, 74, 66, 69, 240, 15, 8, 121, 20, 77, 89, 31, 11, 106, 81,
191, 224, 328, 18, 75, 52, 82, 117, 201, 39, 23, 217, 27, 21, 84, 35, 54, 109, 128,
49, 77, 88, 1, 81, 217, 64, 55, 83, 116, 251, 269, 311, 96, 54, 32, 120, 18, 132, 102,
219, 211, 84, 150, 219, 275, 312, 64, 10, 106, 87, 75, 47, 21, 29, 37, 81, 44, 18,
126, 115, 132, 160, 181, 203, 76, 81, 299, 314, 337, 351, 96, 11, 28, 97, 318, 238,
106, 24, 93, 3, 19, 17, 26, 60, 73, 88, 14, 126, 138, 234, 286, 297, 321, 365, 264,
19, 22, 84, 56, 107, 98, 123, 111, 214, 136, 7, 33, 45, 10, 181, 284, 18, 28, 46, 42, 107, 196,
227, 344, 198, 203, 247, 116, 19, 8, 212, 230, 31, 6, 328, 65, 48, 52, 59, 41, 122,
33, 117, 11, 18, 25, 71, 36, 45, 83, 76, 89, 92, 31, 65, 178, 80, 7, 82, 46, 72, 33, 44, 50, 61,
24, 112, 136, 149, 176, 180, 194, 143, 171, 205, 296, 87, 12, 44, 51, 89, 98, 34, 41,
208, 173, 66, 9, 35, 16, 95, 33, 18, 113, 175, 90, 56, 203, 19, 177, 183, 206, 157, 200,
218, 260, 291, 305, 618, 951, 320, 18, 124, 78, 65, 19, 32, 124, 48, 53, 57, 84, 96,
207, 244, 66, 82, 119, 71, 11, 86, 77, 213, 54, 82, 316, 245, 303, 86, 97, 106, 212,
18, 37, 15, 81, 89, 16, 7, 81, 39, 96, 14, 43, 216, 118, 35, 31, 29, 136, 172, 213,
64, 8, 227, 304, 611, 221, 364, 819, 375, 128, 296, 1, 18, 53, 76, 10, 15, 23, 19, 71,
84, 120, 134, 66, 73, 89, 96, 230, 48, 77, 26, 101, 127, 936, 218, 439, 178, 171, 61,
226, 313, 215, 102, 18, 167, 262, 114, 218, 66, 59, 48, 27, 19, 13, 82, 48, 162, 119,
34, 127, 19, 34, 128, 129, 74, 63, 120, 11, 54, 13, 18, 173, 92, 180, 66, 75, 101, 124,
265, 89, 96, 126, 274, 896, 917, 434, 461, 235, 890, 312, 413, 328, 381, 96, 105,
217, 66, 118, 27, 132, 61, 12, 7, 55, 24, 83, 67, 97, 109, 121, 135, 181, 203, 219,
228, 256, 21, 34, 77, 319, 374, 382, 675, 684, 717, 864, 203, 4, 18, 92, 16, 63, 82,
22, 46, 55, 69, 74, 112, 134, 186, 175, 119, 213, 416, 312, 343, 264, 119, 186, 218,
343, 417, 845, 951, 124, 209, 49, 617, 856, 924, 936, 72, 19, 28, 11, 35, 42, 40, 66,
85, 94, 112, 65, 82, 115, 119, 236, 244, 186, 172, 112, 85, 6, 56, 38, 44, 85, 72,
32, 47, 73, 76, 184, 61, 39, 86, 217, 314, 319, 221, 644, 817, 821, 934, 922, 416, 975, 10, 22,
18, 46, 137, 181, 101, 39, 86, 103, 116, 138, 164, 212, 218, 296, 815, 380, 412,
460, 495, 675, 820, 952.
```

```
115, 73, 24, 807, 37, 52, 49, 17, 31, 62, 647, 22, 7, 15, 140, 47, 29, 107, 79, 84, 56,
239, 10, 26, 811, 5, 196, 308, 85, 52, 160, 136, 59, 211, 36, 9, 46, 316, 554, 122,
106, 95, 53, 58, 2, 42, 7, 35, 122, 53, 31, 82, 77, 250, 196, 56, 96, 118, 71, 140,
287, 28, 353, 37, 1005, 65, 147, 807, 24, 3, 5, 9, 13, 59, 807, 45, 9, 316, 101, 41,
78, 154, 1005, 122, 138, 191, 16, 77, 49, 102, 57, 72, 34, 73, 85, 35, 371, 59, 196,
81, 92, 191, 106, 273, 60, 394, 620, 270, 220, 106, 388, 287, 63, 3, 191, 122, 43,
234, 400, 106, 290, 314, 47, 48, 81, 96, 26, 115, 92, 158, 191, 110, 77, 85, 197, 46,
10, 113, 140, 353, 48, 120, 106, 2, 607, 61, 420, 811, 29, 125, 14, 20, 37, 105, 28,
248, 16, 159, 7, 35, 19, 301, 125, 110, 486, 287, 98, 117, 511, 62, 51, 220, 37, 113,
140, 807, 138, 540, 8, 44, 287, 388, 117, 18, 79, 344, 34, 20, 59, 511, 548, 107,
603, 220, 7, 66, 154, 41, 20, 50, 6, 575, 122, 154, 248, 110, 61, 52, 20, 50, 5, 38, 8,
14, 84, 57, 540, 217, 115, 71, 29, 84, 63, 43, 131, 29, 138, 47, 73, 239, 540, 52, 53,
79, 118, 51, 44, 63, 196, 12, 239, 112, 3, 49, 79, 353, 105, 56, 371, 557, 211, 515,
125, 360, 133, 143, 101, 15, 284, 540, 252, 14, 205, 140, 344, 26, 811, 138, 115,
48, 73, 34, 205, 316, 607, 63, 220, 7, 52, 150, 44, 52, 16, 40, 37, 158, 807, 37, 121,
12, 95, 10, 15, 35, 12, 131, 62, 115, 102, 807, 49, 53, 135, 138, 30, 31, 62, 67, 41,
85, 63, 10, 106, 807, 138, 8, 113, 20, 32, 33, 37, 353, 287, 140, 47, 85, 50, 37, 49,
47, 64, 6, 7, 71, 33, 4, 43, 47, 63, 1, 27, 600, 208, 230, 15, 191, 246, 85, 94, 511, 2,
270, 20, 39, 7, 33, 44, 22, 37, 3, 10, 3, 811, 106, 44, 486, 230, 353, 211, 200, 31,
10, 38, 140, 297, 61, 603, 320, 302, 666, 287, 2, 44, 33, 32, 511, 548, 10, 6, 250,
557, 246, 53, 37, 52, 83, 47, 320, 38, 33, 807, 7, 44, 30, 31, 250, 10, 15, 35, 106,
160, 113, 31, 102, 406, 230, 540, 320, 29, 66, 33, 101, 807, 138, 301, 316, 353,
320, 220, 37, 52, 28, 540, 320, 33, 8, 48, 107, 50, 811, 7, 2, 113, 73, 16, 125, 11,
110, 67, 102, 807, 33, 59, 81, 158, 38, 43, 581, 138, 19, 85, 400, 38, 43, 77, 14, 27,
8, 47, 138, 63, 140, 44, 35, 22, 177, 106, 250, 314, 217, 2, 10, 7, 1005, 4, 20, 25,
44, 48, 7, 26, 46, 110, 230, 807, 191, 34, 112, 147, 44, 110, 121, 125, 96, 41, 51,
50, 140, 56, 47, 152, 540, 63, 807, 28, 42, 250, 138, 582, 98, 643, 32, 107, 140,
112, 26, 85, 138, 540, 53, 20, 125, 371, 38, 36, 10, 52, 118, 136, 102, 420, 150,
112, 71, 14, 20, 7, 24, 18, 12, 807, 37, 67, 110, 62, 33, 21, 95, 220, 511, 102, 811,
30, 83, 84, 305, 620, 15, 2, 108, 220, 106, 353, 105, 106, 60, 275, 72, 8, 50, 205,
185, 112, 125, 540, 65, 106, 807, 188, 96, 110, 16, 73, 33, 807, 150, 409, 400, 50,
154, 285, 96, 106, 316, 270, 205, 101, 811, 400, 8, 44, 37, 52, 40, 241, 34, 205,
38, 16, 46, 47, 85, 24, 44, 15, 64, 73, 138, 807, 85, 78, 110, 33, 420, 505, 53, 37,
38, 22, 31, 10, 110, 106, 101, 140, 15, 38, 3, 5, 44, 7, 98, 287, 135, 150, 96, 33, 84,
125, 807, 191, 96, 511, 118, 440, 370, 643, 466, 106, 41, 107, 603, 220, 275, 30,
150, 105, 49, 53, 287, 250, 208, 134, 7, 53, 12, 47, 85, 63, 138, 110, 21, 112, 140,
485, 486, 505, 14, 73, 84, 575, 1005, 150, 200, 16, 42, 5, 4, 25, 42, 8, 16, 811,
125, 160, 32, 205, 603, 807, 81, 96, 405, 41, 600, 136, 14, 20, 28, 26, 353, 302,
246, 8, 131, 160, 140, 84, 440, 42, 16, 811, 40, 67, 101, 102, 194, 138, 205, 51,
63, 241, 540, 122, 8, 10, 63, 140, 47, 48, 140, 288.
```

첫 번째 문서는 묻혀 있는 보물의 위치를 알려주고, 두 번째 문서는 어떤 보물이 있는지를 설명하며, 세 번째 문서는 금을 캔 빌의 친구들의 이름을 밝히면서 또한 그 가족에게 재산을 어떻게 배분할 것인지 설명하고 있었어요.

이쯤에서 여러분은 의아한 마음이 들 거예요. 묻혀 있는 보물을 찾아봤자 금을 캔 사람들의 가족들에게 나눠줘야 할 텐데 도대체 어떤 사람이 그렇게까지 노력을 할까요? 보물을 혼자 독차지하려 하지 않을까요? 하지만 모리스는 기품 있는 사람이라는 걸 떠올려 보세요. 그는 마침내 보물을 찾아내서, 빌이 정해준 대로 가족에게 보물을 나눠 줄 사람이에요. 그리고 아마도, 이건 가정일 뿐이지만, 그 가족이 고마움을 느낀다면 그의 수고에 대해 조금이라도 보답을 하지 않을까요.

그런데 빌의 간청을 들어주려면 먼저 암호를 풀어야 했겠지만, 약속된 키가 도착하지 않았기 때문에 꽤 난감한 일이 되고 말았어요.

키 없이 암호를 풀 수 있을까요?

불가능한 일은 아니에요. 다만 두둑한 배짱과 결심이 필요하죠. 모리스는 수수께끼 같은 암호를 해독하기로 마음먹었어요. 그러나 그 뒤 20년 동안 암호는 풀리지 않고 모리스를 계속 괴롭혔어요. 여든넷의 나이에 모리스는 결국 패배를 시인해야 했어요. 빌 암호가 자신을 이겼다고요.

모리스는 빌 암호에 관해 지인에게 털어놓았어요. 그래야 빌이 부탁한 대로 해줄 수 있지 않을까 하는 희망을 품었던 거예요. 그 지인이 누군지는 알려지지 않았지만, 이 사람이 마침내 중요한 암호문을 풀어냈어요.

그렇게 할 수 있었던 건 미국 독립선언문 덕분이었어요.

비밀의 열쇠는 책

모리스의 영리한 지인은 빌의 암호문에 적힌 숫자들이 책이나 문서의 낱말들을 가리킨다고 생각했어요. 이런 유형의 암호를 흔히 책 암호(book cipher)라고 일컬어요. 책 암호는 책이나 문서를 키로 사용하여 만들어진 암호예요.

이름이 알려지지 않은 이 지인이 정확한 자료를 찾아낼 수만 있다면 드디어 암호를 해독할 수 있는 거예요.

이 암호를 만든 사람의 이름을 떠올려 보아요.

토머스 제퍼슨 빌.

누가 미국 독립선언문을 썼죠?

토머스 제퍼슨이에요.

이름이 서로 비슷한 건 단순히 우연의 일치일까요? 아니면 어떤 연관이 있을까요?

하지만 그냥 지나칠 수 없는 부분이 하나 더 있어요. 미국 독립선언문에 서명한 이들 가운데 로버트 모리스라는 사람이 있었다는 거죠.

물론 이 로버트 모리스는 워싱턴 호텔 주인 로버트 모리스와 같은 사람이 아니에요. 앞의 모리스는 Morris이고, 워싱턴 호텔 주인 모리스는 Morriss로 철자가 달라요. 하지만 비슷하다는 사실을 무시할 수는 없죠.

나중에 밝혀진 것처럼, 미국 독립선언문은 두 번째 빌 암호 문서를 해독하는 열쇠였어요.

어떻게 해독했을까요?

자, 함께 알아보아요.

두 번째 암호문의 첫 번째 숫자는 115예요.

암호를 해독하기 위해 독립선언문에서 115번째 낱말을 찾으면 "instituted"예요. "instituted"의 첫 번째 문자는 I가 되니까 해독할 문서의 첫 번째 문자가 I인 거예요.

같은 방법으로 찾아보면, 암호문의 두 번째 숫자는 73이에요. 독립선언문에서 73번째 낱말은 "hold"고요. 따라서 해독할 문서의 두 번째 문자는 H예요.

이와 같은 방법으로 두 번째 암호문을 해독할 수 있어요. 그러면 다음의 내용이 나타나요.

"내가 묻어 놓은 곳은 베드포드 카운티로, 뷰포드에서 약 6킬로미터 떨어진 곳이다. 지면에서 1.8미터 깊이에 구덩이를 파서 다음의 물건을 묻었다. 이를 공동으로 소유한 사람들의 이름은 동봉되어 있는 3번 문서에 밝혀 놓았다.

첫 번째로 묻은 것은 약 460킬로그램의 금과, 약 1730킬로그램의 은으로 1819년 11월에 묻었다. 두 번째는 1821년 12월에 묻었고, 865킬로그램의 금과 584킬로그램의 은, 그리고 수송비를 절약하기 위해 세인트루이스에서 은과 교환하고 받은, 13000달러 정도의 값이 나가는 보석들이다.

위의 것들을 철통에 나눠서 잘 담고 뚜껑을 덮었다. 구덩이를 파고 대강 돌을 깐 뒤 통들을 단단한 돌바닥 위에 놓고 다른 것들로 덮어 두었다. 1번 문서에 구덩이의 정확한 위치를 설명해 놓았으니, 찾는 데는 아무런 어려움이 없을 것이다."

마침내 일부가 해독되었어요! 그리고 이 내용을 사실로 받아들인다면, 정말 어딘가에서 엄청나게 많은 보물이 발견되기만을 기다리고 있는 거죠. 해독된 암호문은 보물의 위치가 첫 번째 암호문에 설명되어 있다고 뒷받침까지 해주고 있어요.

이제 해야 할 일은 뭐죠? 첫 번째 암호문을 해독하고, 보물의 위치를 알아내고, 튼튼한 삽을 준비하고, 보물이 숨겨진 장소로 가서, 땅을 파기 시작하는 거예요.

어때요? 아주 쉽죠?

전혀 아니에요.

미국 독립선언문이 나머지 암호문도 해독하는 키일 거라고 짐작할지 모르겠지만 안타깝게도 그렇지 않아요. 미국 독립선언문을 키로 이용하면 뜻 모를 문자만 배열될 뿐 어떤 낱말도 나타나지 않아요.

다른 역사적 문서는 어떨까요? 미국 헌법이요? 아뇨, 그것도 소용이 없어요. 대헌장, 미국 연합헌장, 또는 권리장전이요? 모두 아니에요.

이름이 알려지지 않은 모리스의 지인은 좌절감 속에서 마침내 결론을 내렸어요. 두 사람만으로는 나머지 두 암호문을 해독할 수 없다는 걸요. 토머스 빌이 버지니아 주 린치버그에 처음 찾아온 때로부터 42년이 지난 1862년, 이름 없는 지인은 수수께끼 같은 암호문에 관해 두 사람이 알고 있는 모든 내용을 알리기로 마음먹었고, 그래서 《빌 문서》라는 제목으로 소책자를 펴냈어요. 두 사람은 신분을 밝히지 않기로 했는데, 보물찾기와 관련되어 자신들의 이름이 알려지면 견디기 힘들 만큼 원하지도 않는 관심을 받게 될 것이 두려웠기 때문이에요. 그래서 둘의 지인인 제임스 B. 워드에게 출판을 부탁했어요. 오늘날 우리가 토머스 빌과 암호문, 그리고 묻혀 있는 보물에 관해 알고 있는 모든 내용은 이 《빌 문서》에 실린 정보에서 비롯된 거예요.

제임스 B. 워드가 펴낸 《빌 문서》 표지

반역자의 암호문

베네딕트 아놀드는 미국에서 가장 악명 높은 반역자 가운데 한 사람이에요. 미국 독립전쟁 동안 미국 장교인 그는 충성을 바칠 대상을 바꾸어 미국이 아닌 영국을 돕기로 마음먹었어요. 뉴욕의 전략적 요새인 웨스트포인트의 지휘권을 맡아 요새를 영국에 넘기려는 계획을 세웠죠.

음모를 실행하기 위해, 그는 새 영국 친구들과 비밀리에 교신할 길을 찾아야 했어요. 어떤 방법을 사용했을까요? 바로 책 암호 기법을 사용하는 거였어요.

뒷날 아놀드 암호라고 알려지게 된 것은, 베네딕트 아놀드와 영국군 소령 존 앙드레 사이에 오고 간, 암호화된 비밀 서신들이에요. 서로 비밀 통신을 주고받기 위해, 아놀드와 앙드레 두 사람은 똑같은 책을 똑같은 인쇄본으로 갖고 있어야 했어요. 그들이 사용한 책은 윌리엄 블랙스톤이 쓴 《영국법 해설》이었어요.

암호화 방법은 이런 식이었어요. 아놀드의 서신에는 숫자 3개가 한 묶음이 되어 있고 숫자 사이에 점이 찍혀 있어요. 첫 번째 숫자는 책의 페이지, 두 번째 숫자는 그 페이지의 행을 표시하고, 세 번째 숫자는 그 행의 낱말 순서를 가리키는 거였어요.

꽤 괜찮은 방법이죠?

얼마 동안은 그랬어요. 웨스트포인트를 넘겨주려는 계획이 담긴 서신을 지닌 앙드레가 미군에 체포되기 전까지는요. 앙드레는 이 서신에 담긴 정보를 암호화하지 않았던 거예요.

음모가 탄로나고 앙드레가 체포되자, 베네딕트 아놀드는 가망이 없다는 걸 깨닫고 도망을 쳤어요. 그는 조지 워싱턴 군대에 체포될 뻔했지만 가까스로 피할 수 있었고, 끝내 영국으로 건너가는 데 성공했어요.

이 사건 이후로 오늘날 베네딕트 아놀드라는 이름은 "반역자"라는 낱말과 비슷한 말로 쓰이고 있어요.

보물이냐 사기냐

빌 문서에서 우리가 알 수 있는 건, 어딘가에 많은 보물이 묻힌 채 발견될 날을 기다리고 있다는 거예요. 그런데 정말 있기는 한 걸까요?

빌 암호와 묻혀 있는 보물이 치밀하게 꾸며낸 이야기일 수 있을까요? 얼마든지 그럴 수 있죠.

《빌 문서》는 한탕을 노린 제임스 B. 워드가 꾸며낸 사기일 뿐이라고 말하는 이들이 있어요. 제임스 B. 워드가 놀이 삼아 암호문을 만들어, 보물 사냥꾼이 되려는 이들이 소책자를 사서 보게끔 하려는 것이었다고요. 토머스 J. 빌, 로버트 모리스, 그리고 이름이 알려지지 않은 지인은 존재하지도 않았다는 거죠. 소책자는 당시 50센트에 팔렸는데, 오늘날로 따지면 13달러 정도의 금액이에요. 많은 사람이 샀다면 제임스 B. 워드는 상당한 돈을 쓸어 담았을 거예요.

의심을 갖는 이들을 반박하기 위해, 사학자들은 토머스 제퍼슨 빌이 실제로 살았다는 증거를 찾아내려 애썼어요. 한 시대의 인구에 대한 공식적인 정부 통계인 미국 인구조사 기록도 들여다보았어요. 1790년에 이루어진 인구조사는 토머스 빌 몇 명이 버지니아에서 태어났다는 걸 알려주지만, 그 가운데 누가 바로 그 토머스 빌인지는 알 수 없어요.

그런데 흥미로운 실마리가 될 수 있는 기록이 하나 발견되었어요. 1820년 세인트루이스 우체국 고객 명단에 토머스 빌이라는 이름이 있는 거예요. 성이 Beall이어서 문제의 Thomas Beale과는 철자가 똑같지 않지만, 확실히 비슷해요. 그리고 모리스가 1822년에 빌로부터 받은 편지 기억나요? 그 편지에 세인트루이스 소인이 찍혀 있었죠. 철자가 딱 하나 다른 토머스 빌이라는 두 이름이 같은 사람이라면, 묻혀 있는 보물의 존재를 입증하는 거겠죠?

토머스 제퍼슨 빌이 진짜로 살았는지, 또 귀한 보물이 지금도 묻힌 채 발견되기만을 기다리고 있는지, 오늘날 확실히 말할 수 있는 사람은 아무도 없지만, 이 이야기가 150년이 넘도록 보물 사냥꾼들의 폭발적인 관심을 불러일으켰다는 것은 확실해요.

더 나아가 암호 기술과 컴퓨터 분석 방법에 헤아릴 수 없이 큰 영향을 미치기까지 했어요. 정말 수많은 암호 기술자와 컴퓨터 공학자가 정교한 도구를 개발하여 암호를 해독하려고 노력한 덕분에, 오늘날 우리가 발달된 암호 기술을 가질 수 있었던 거예요. 빌 암호가 아니었다면 여기까지 오지 못했을 거예요. 비록 암호를 푸는 데는 성공하지 못했지만, 토머스 J. 빌에게 감사해야 할지도 몰라요. 암호 해독 분야에서 크나큰 발전을 이루는 계기가 되었다는 점에서 그건 정말 대단한 일이니까요. 밝혀지지 않은 엄청난 부와 재산을 비록 손에 넣지는 못했다고 하더라도요.

보이니치 필사본

책 암호는 전달하는 내용을 남에게 드러내지 않으려 할 때 사용하는 뛰어난 전략이에요. 어떤 책을 사용해서 암호문을 만들었는지 알지 못하면 책 암호를 해독하는 건 거의 불가능하거든요. 셀 수도 없이 많은 책이 세상에 있다는 걸 생각하면, 어떤 책을 키로 삼아야 할지 짐작조차 하기 어려워요. 아마도 이런 이유 때문에 빌 암호문이 여태까지 풀리지 않았을 거예요.

그런데 책을 사용하여 암호문을 만드는 게 아니라, 책 전체가 암호문이라면 어떨까요? 보이니치 필사본으로 알려진, 600년 된 이 책이 정확히 그런 책이에요. 윌프리드 보이니치라는 골동품상이 이 신기한 책을 샀기 때문에 그의 이름이 붙은, 약 240페이지짜리 보

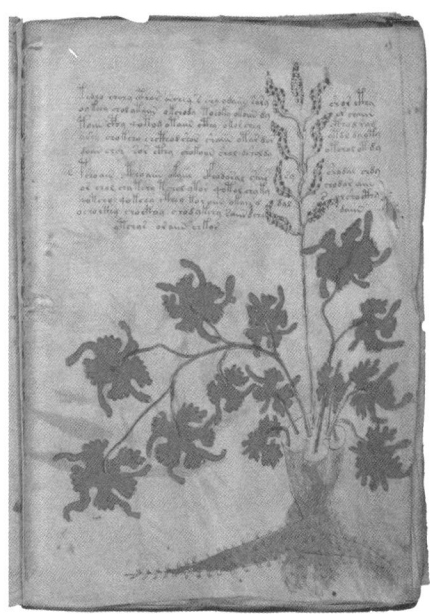
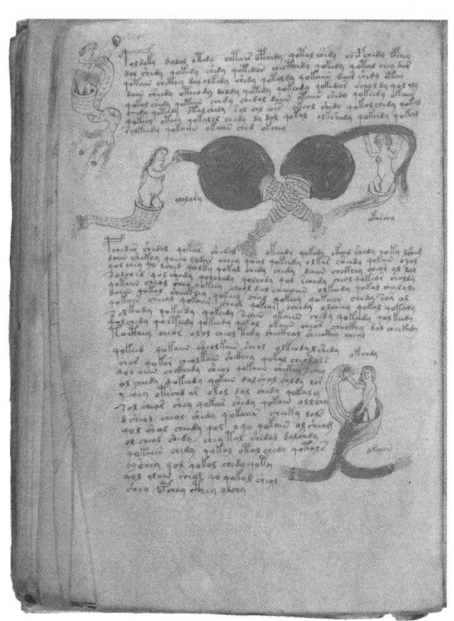

보이니치 필사본의 본문 일부

5. 보물과 암호 편지

이니치 필사본은 알아볼 수 없는 그림문자가 전체에 적혀 있어요. 암호 문자라고 널리 받아들여지고 있는 이 그림문자 말고도, 책에는 식물, 별자리, 괴상한 배관장치 속의 사람들을 그린 이상한 그림들이 실려 있어요.

그런데 도대체 무슨 책일까요?
아무도 몰라요!

우리가 짐작할 수 있는 건, 보이니치 필사본이 설명하고 있는 내용이 무엇이든 틀림없이 매우 중요한 것이라는 거예요. 그러니 누군가가 시간을 들여 240페이지에 이르는 암호문을 쓰고 공들여 그림을 그린 거겠죠.

보이니치 필사본이 무슨 내용인가에 관해서는 온갖 주장이 존재해요. 고대 연금술 책으로서 금속을 금으로 바꾸는 비법을 설명한 것이라고 말하는 이들이 있었고, 젊은 레오나르도 다빈치가 종교 재판을 피하기 위해 암호로 쓴 것이라고 추측하는 사람들도 있어요. 심지어 어떤 사람들은 지구 행성을 방문했다가 남기고 간 외계인의 작품이라고 생각하기도 했어요.

암호 기술자들이 낱말을 해독하지 못한다면, 우리가 그림을 보고 책의 내용을 짐작할 수도 있을 거예요. 하지만 그려진 식물은 식물학자들도 알지 못하는 종류예요. 별자리는 오늘날 우리가 아는 별자리랑 비슷해 보일 뿐, 무엇을 그린 것인지 거의 드러나지 않아요. 그리고 이상한 배관장치 속의 사람들 그림은 무엇을 나타낼까요? 맞아요, 그게 무슨 그림인지 아무도 짐작을 못해요.

많은 보이니치 연구자들은 필사본이 의학이나 약학에 관련된 내용을 담고 있다고 생각할 뿐이에요. 그 옛날에는 점성술과 별자리가 모두 의학이나 건강과 관계가 있다고 믿었으니 분명히 그럴 듯한 추측이죠.

암호를 풀어 볼까요?

수수께끼가 하나 있어요. 암호를 풀면 답을 알 수가 있죠.

Q 뽀송뽀송할수록 축축해지는 건 무엇일까요?

A 61 12 66 89 176

빌의 두 번째 암호문처럼 미국 독립선언문을 키로 사용하여 암호문을 해독해 보죠. 여러분을 돕기 위해, 독립선언문 앞부분의 낱말에 번호를 붙여 놓았어요.

When(1) in(2) the(3) course(4) of(5) human(6) events(7) it(8) becomes(9) necessary(10) for(11) one(12) people(13) to(14) dissolve(15) the(16) political(17) bands(18) which(19) have(20) connected(21) them(22) with(23) another(24) and(25) to(26) assume(27) among(28) the(29) powers(30) of(31) the(32) earth(33) the(34) separate(35) and(36) equal(37) station(38) to(39) which(40) the(41) laws(42) of(43) nature(44) and(45) of(46) nature's(47) god(48) entitle(49) them(50) a(51) decent(52) respect(53) to(54) the(55) opinions(56) of(57) mankind(58) requires(59) that(60) they(61) should(62) declare(63) the(64) causes(65) which(66) impel(67) them(68) to(69) the(70) separation(71) we(72) hold(73) these(74) truths(75) to(76) be(77) self(78) evident(79) that(80) all(81) men(82) are(83) created(84) equal(85) that(86) they(87) are(88) endowed(89) by(90) their(91) creator(92) with(93) certain(94) unalienable(95) rights(96) that(97) among(98) these(99) are(100) life(101) liberty(102) and(103) the(104) pursuit(105) of(106) happiness(107) that(108) to(109) secure(110) these(111) rights(112) governments(113) are(114) instituted(115) among(116) men(117) deriving(118) their(119) just(120) powers(121) from(122) the(123) consent(124) of(125) the(126) governed(127) that(128) whenever(129) any(130) form(131) of(132) government(133) becomes(134) destructive(135) of(136) these(137) ends(138) it(139) is(140) the(141) right(142) of(143) the(144) people(145) to(146) alter(147) or(148) to(149) abolish(150) it(151) and(152) to(153) institute(154) new(155) government(156) laying(157) its(158) foundation(159) on(160) such(161) principles(162) and(163) organizing(164) its(165) powers(166) in(167) such(168) form(169) as(170) to(171) them(172) shall(173) seem(174) most(175) likely(176) to(177) effect(178) their(179) safety(180) and(181) happiness(182)

막강한 암호 장치 : 에니그마

진짜 첩보원처럼 친구에게 비밀 메시지를 보내고 싶은 마음이 생기나요? 어쩌면 율리우스 카이사르처럼 대치암호를 사용하기로 마음먹었을지도 모르겠어요. 좋은 생각이에요. 그럼 이제 본격적으로 암호화 작업을 시작해 볼까요.

  가장 먼저 할 일은 암호키를 정하는 거예요. 그다음으로 편지에 쓸 암호 문자를 찾아내야 해요. 크게 어렵지 않아요. 단지 글의 모든 문자를 키의 숫자만큼 위치를 옮겨서 변환하면 돼요.

  다만 전할 내용이 길면 조금 힘이 들겠죠.

  문장이 여럿이거나 더 나아가 문단이 여럿인 글을 암호화하려면 많은 문자와 씨름해야 해요. 아마 상당한 시간과 노력을 들여야 암호 문자를 산출하고 긴 글을 암호화할 수 있을 거예요.

  그렇다면 전할 내용이 많은 첩보원은 어떻게 할까요?

레온 바티스타 알베르티가
발명한 암호 디스크

그래서 **암호 디스크**(cipher disk)라는 도구가 만들어지게 되었어요.

암호 디스크는 레온 바티스타 알베르티가 1470년에 발명한 도구로, 암호화와 암호 해독을 더 빠르게 해 주어요. 세계 곳곳의 첩보원들은 이 발명품에 환호했죠!

암호 디스크는 두 개의 원반을 사용해서 만들었는데, 바깥의 더 큰 판은 고정되어 있지만, 안쪽의 작은 판은 회전할 수 있어요. 이 암호 디스크를 사용하여 암호화하려면 먼저 키를 정해야 해요. 그림과 같이 안쪽 고리의 문자 A는 바깥 고리의 문자 N과 한 줄을 이루고 있어요. 이때 키는 A = N이에요. 편지를 받아야 할 사람하고만 이 키를 공유하는 게 중요해요.

암호 디스크에서 키를 설정하면 이제 암호화할 준비가 된 거예요. 편지를 보내는 사람은 다시 디스크를 만지지 않고도 전하려는 내용 전체를 암호화할 수 있어요.

내용을 암호화하는 일은 이제 매우 간단해요. 보내는 이가 "CAB"이라는 낱말을 암호화하려고 그림의 암호 디스크에서 A = N 키를 사용한다고 해 보아요. A가 N과 한 줄을 이루고 있는 것을 확인한 후, 다음 단계는 평문의 낱말 "CAB"의 모든 문자를 대치할 각각의 암호 문자를 찾는 거예요. 이를 위해서 평문의 낱말 첫 번째 문자인 C를 안쪽에서 찾고, 바깥에서 짝을 이루고 있는 문자를 확인해요. 지금의 경우에 그 문자는 L이에요. 이렇게 하나씩 찾아가면 평문의 낱말 "CAB"은 LNM이라는 암호로 바뀌어요.

이때 조건이 한 가지 있어요. 받는 사람이 암호문을 쉽게 해독하려면 두 가지가 필요해요. 똑같은 암호 디스크와 키 말이에요.

암호 디스크, 그리고 그 암호 디스크로 만들어내는 수많은 변형은 전하려는 내용을 암호화하는 매우 좋은 방법이었어요. 그래서 400년 뒤 미국 남북전쟁 때에도 비밀 편지를 주고받을 때 사용되었죠.

대통령은 암호 기술자

미국 독립선언문 작성자이자 미국 제3대 대통령인 토머스 제퍼슨은 암호 기술을 적극적으로 활용하여 중요한 내용이 새 나가지 않도록 했어요. 사실 암호 기술자이기도 했던 토머스 제퍼슨은 암호 바퀴라 일컬어진 암호 기기를 직접 발명하기까지 했어요.

암호 바퀴는 여러 개 달린 디스크를 회전시켜 문자를 변환시키는 장치였어요. 암호 바퀴를 이용한 암호화 전략은 무척 효과가 커서, 150년 뒤인 제2차 세계대전 때에도 사용되었어요.

대통령으로 재임하는 동안 토머스 제퍼슨이 암호를 매우 중요하게 여겼다는 걸 뒷받침하는 역사적인 증거가 많은데, 그중 뚜렷한 한 가지 예가 제퍼슨과 탐험가들과의 통신이에요. 메리웨더 루이스와 윌리엄 클라크가 미국 서부를 탐사할 때였어요. 루이스와 클라크가 발견한 것들이 불필요하게 알려지는 일이 절대로 없기를 바라던 토머스 제퍼슨은 탐험이 이어지는 동안 자신과 탐험가들이 암호로 교신해야 한다고 고집했다고 해요.

토머스 제퍼슨의 암호 바퀴

회전하는 암호 장치

미국 남북전쟁 때 북군이 사용한 마이어 암호 디스크

미국 남북전쟁 때 북군이 사용한 암호 디스크를 발명한 사람은 앨버트 J. 마이어였어요. 그는 미국 육군통신대를 창설하면서 널리 이름을 알리게 되었어요. 북군의 매우 중요한 기관인 통신대는 전쟁터에서 정보를 주고받는 일을 책임졌어요. 마이어가 고안한 체계는 신호병이 여러 형태로 깃발을 흔드는 거였어요. 깃발을 흔드는 방법 하나하나가 암호인 거죠! 전장에 있는 사람은 깃발을 보고 그 모습에 따라 내용을 이해할 수 있었지만 그는 전쟁터의 통신을 훨씬 더 안전하게 만들고 싶었어요. 그래서 직접 암호 디스크를 발명하게 되죠.

마이어가 발명한 암호 디스크는 숫자 1과 8만으로 이루어진 다양한 조합이 바깥 고리에 있고, 안쪽의 회전하는 고리에는 알파벳의 모든 문자가 순서 없이 배열되어 있어요. 가운데에는 본인 이름의 머리글자 A. J. M.을 표시하여 자신이 발명했다는 걸 누구나 알도록 해 놓았어요. 훌륭한 발명품이었으니 자랑할 만했나 봐요. 특히 암호 디스크는 북군의 작전에서 무척 중요한 부분이었으니까요.

암호 디스크로 암호화된 내용은 하나하나 대입해서 해독하기가 그다지 어렵지는 않지만 대치암호로 암호화하는 과정의 어려움을 덜어주는 도구임에는 틀림없어요. 능숙한 암호 해독자라면 암호 디스크를 이용하여 손쉽게 해독할 수 있을 거예요.

그러다가 1918년, 독일의 발명가 아르투어 세르비우스가 암호 디스크의 기본 개념을 확장시켰어요. 이제껏 듣지도 보지도 못한, 세계에서 가장 막강한 암호화 장치가 새로 만들어진 거예요. 그 장치는 에니그마(Enigma)라 일컬어졌어요.

에니그마는 제2차 세계대전이 역사상 가장 끔찍한 전쟁이 되는 데 큰 영향을 미친 위협적인 암호 장치였어요. 그럼 자세히 살펴볼까요?

링컨의 암호문

미국 대통령 에이브러햄 링컨은 남북전쟁에서 승리하려면 비밀 통신이 매우 중요하다고 생각했기 때문에 암호를 사용하여 군대와 교신하곤 했어요.

전쟁을 치르는 동안 기술이 발전하면서, 링컨은 전신을 통신 수단으로 삼기 시작했어요. 전신 덕분에 전쟁터에 있는 군대와 실시간으로 교신할 수 있었죠. 전신은 메시지를 보내는 옛날의 전송 체계예요. 오늘날 문자를 보내는 것과 비슷한데, 다만 문자만큼 빠르고 정확하거나 주고받기가 쉬운 건 아니에요. 하지만 방식은 비슷해요. 보낼 내용을 타자기로 치고 전신을 통해 보낼 수 있었어요. 그러면 멀리 떨어진 곳에서도 곧바로 그 내용을 받아 읽을 수 있었죠.

링컨과 북군은 전쟁 기간 동안 셀 수도 없이 많은 전신을 보냈어요. 하지만 중요한 메시지는 암호화하여 남부동맹군에게 흘러 들어가지 않도록 했어요. 전신에 어떤 내용이 담겼냐고요? 그건 오랫동안 밝혀지지 않았는데, 남북전쟁 이후 150년이 넘게 지난 오늘에 와서야 한 시민단체의 주도로 비로소 비밀 통신을 해독하기 시작했어요.

에니그마의 원리

에니그마는 도대체 무엇이며 왜 그토록 위협적이었을까요?

겉으로 보기에는 옛날식의 평범한 타자기 같아요. 위험해 보이나요? 군대가 두려워해야 할 물건으로 전혀 보이지 않죠?

하지만 이 단순해 보이는 기계가 전쟁 중인 독일군에게 매우 중요한 도움을 주었어요. 실체를 파헤쳐 보면, 단순해 보이는 타자기를 훨씬 넘어서는 것이었어요.

제2차 세계대전 때 사용된 독일 에니그마 장치

에니그마는 한마디로 암호 장치예요. 메시지를 암호화하고자 하는 사람은 평범해 보이는 자판을 두드려 내용을 작성하면 돼요. 컴퓨터 키보드를 두드리는 것과 다를 바 없어요. 다만 보통은 컴퓨터 키보드를 두드리면 누른 자판대로 문자가 화면에 나타나죠? 하지만 에니그마는 램프보드에 있는 다른 문자들, 즉 암호문의 불빛이 켜져요. 자판을 두드려서 메시지를 전하는 타자수는 램프보드에 불이 들어온 문자들을 보며 종이에 빠르게 적어요. 이렇게 암호화되면 운반책을 통해 원하는 대상에게 아무런 걱정 없이 보낼 수 있어요. 적군이 암호문을 가로채더라도 내용을 알지는 못할 거라고 확신할 수 있었죠.

실제로 독일은 에니그마로 암호화한 내용은 결코 해독될 수 없다고 굳게 믿었어요. 절대로 넘볼 수 없는 암호 장치인 에니그마는 독일의 비밀 병기였고 전쟁의 믿음직한 지원군이었던 거예요.

그리고 아주 오랫동안 그 믿음은 흔들리지 않았어요.

에니그마가 어떻게 그토록 막강했는지 이해하려면, 더 자세히 들여다보아야 해요. 먼저 분명하게 알 수 있는 것은, 에니그마가 커다란 옛날식 암호 디스크라는 거예요!

하지만 몇백 년 동안 사용된 구식 암호 디스크와는 다른 점이 있어요. 에니그마의 암호 디스크는 현대 기술, 전기공학, 고급 수학을 사용하여 만들었으니까요. 처음에 알베르티가 발명한 암호 디스크를 한층 발전시킨 것이라고 할 수 있어요!

에니그마가 어떻게 작동하는지 살펴볼까요?

먼저 글을 암호화하기 위해 에니그마 장치가 하나 필요하고, 해독하기 위해 똑같은 에니그마 장치가 하나 더 필요해요. 그래서 제2차 세계대전 동안 독일군은 많은 에니그마 장치를 전쟁터에 보급했어요.

내부에는 3개의 암호 디스크가 있어요. 3개가 함께 작동하여 매우 강력한 암호문을 만들죠. 암호 디스크 하나로도 충분히 암호화할 수 있는데 3개의 암호 디스크가 함께 작동하면 해독하기 훨씬 어려운 암

전쟁터에서 독일군이 사용하고 있는 에니그마 기계

6. 막강한 암호 탕지 : 에니그마   73

호문이 만들어질 거라 짐작할 수 있을 거예요. 바로 그런 생각에서 만들어진 것이 에니그마예요. 사실 나중에 나온 장치들은 더욱 정교해져서, 무려 암호 디스크가 5개나 들어갔어요. 디스크가 많아질수록 더 강력해지니까요!

　에니그마 장치에 사용된 암호 디스크는 **변환기**(Scramblers)라 일컬어졌고, 그것은 에니그마의 핵심이었어요. 암호화하기 전에, 3개의 변환기는 저마다 특정한 시작 위치가 설정되었어요. 통신을 하려면 에니그마 장치 2대가 필요하다는 걸 꼭 기억하세요. 하나는 암호화할 때, 나머지 하나는 해독할 때 필요하니까요.

　이전 세대의 암호 장치들과 마찬가지로, 암호화 장치와 해독 장치는 시작 위치가 정확히 일치해야 했어요. 이 위치는 글을 암호화하고 해독하는 키가 되는 거예요. 시작 위치가 기록된 코드북은 철저한 보안을 통해, 에니그마로 암호화하고 해독하는 사람들에게만 전해졌어요. 코드북은 아주 은밀하게 전달되었어요. 무척 중요하기 때문에 때로는 물에 녹는 잉크로 인쇄되기도 했는데, 적이 가까이 다가왔다는 의심이 들면 코드북에 물을 부었어요. 그러면 모든 정보가 사라지겠죠? 그렇게 소중한 정보를 지킬 수 있었죠.

　변환기 3개를 사용하면 서로 다른 시작 위치가 얼마나 많이 만들어질까요? 변환기는 저마다 26가지 시작 위치가 있어요. 독일어 알파벳이 26개이니까요. 따라서 첫 번째 변환기를 설정하는 방법이 26가지, 두 번째 변환기를 설정하는 방법이 26가지, 세 번째 변환기를 설정하는 방법이 26가지예요. 그래서 전체 가짓수는

$$26 \times 26 \times 26 = 17,576$$

시작 위치의 가짓수가 엄청나게 많죠! 가짓수가 어마어마하니 키를 추측해서 알아내려는 것은 그다지 쓸모 있는 방법이 아니라는 걸 알 수 있어요.

만약 암호를 해독하겠다고 단단히 마음먹은 적군 한 명이 17,576가지 키 전체를 차례차례 시도해 본다면 어떻게 될까요? 아마 밤낮없이 한다면, 모든 가짓수를 빠짐없이 시도하는 데 두 주 정도 걸릴 거예요. 하지만 그즈음이면 키는 이미 바뀌었겠죠. 암호는 날마다 바뀌었거든요. 그러면 처음부터 다시 시작해야겠죠.

이번에는 마음먹은 적군 스무 명이 모두 모여 피자 두 판을 시켜 놓고 서로 분담하여 모든 가짓수를 시도해 본다면요? 아마 그 경우에는 하루 안에 키를 풀 수 있을지도 몰라요. 그러면 독일군에게 큰 위협이 될 수도 있을 거예요.

그러니 시작 위치 가짓수로 17,576개는 충분하지 않다고 에니그마 설계자가 생각한 게 무리는 아니죠. 가짓수를 늘리기 위해 그들이 덧붙인 특성은, 변환기의 조합 방식에 변화를 준 거였어요. 그러니까 변환기를 또 변환시킨 거죠. 원리를 바로 이해하기가 쉽지는 않지만 끈기를 갖고 자세히 알아보아요.

아래는 에니그마 장치에 설치된 변환기를 표시한 그림이에요. 변환기 3개를 배열하는 방식은 몇 가지가 있을까요? 한번 살펴볼까요?

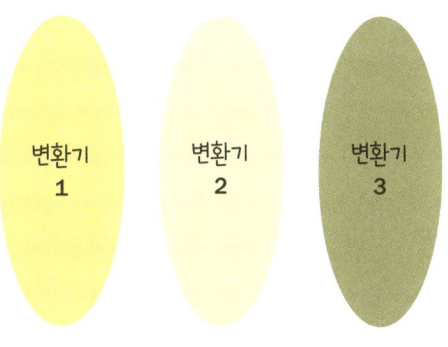

배열 방법이 한 가지만 있는 건 아니에요. 다음과 같은 순서로도 변환기를 배열할 수 있어요.

변환기 3개를 저마다 다르게 배열할 수 있는 방법은 이렇게 6가지가 있어요. 이걸로 에니그마 키 가짓수를 어떻게 변화시키는 걸까요? 수학을 조금 더 이용해 볼까요? 변환기를 서로 다른 6가지 시작 위치로 배열한다고 할 때, 시작 위치 가짓수를 계산하는 식은 아래와 같아요.

$$26 \times 26 \times 26 \times 6 = 105{,}456$$

키의 가짓수가 엄청나게 많아졌죠! 키를 추측하여 알아내기는 몹시 어렵겠지만, 그렇다고 불가능한 건 아니었기 때문에 에니그마 설계자들은 암호 해독을 더욱 어렵게 만들어야 했어요.

여태까지 우리가 이야기한 건 변환기 3개의 시작 위치일 뿐이에요. 에니그마는 아주 간단하고도 교묘한 수법이 더 숨어 있어요. 모든 문자를 암호화한 뒤, 변환기를 회전시키는 거죠!

자세히 설명해 볼게요. 타자수가 자판의 문자를 누를 때마다 전기 신호가 에니그마 장치의 변환기로 전달되면 램프보드에서 암호 문자에 불이 들어오고, 타자수는 이 암호 문자를 종이에 빨리 받아 적어요. 그러면 장치 안에서 첫 번째 변환기가 눈금 한 칸만큼 회전해요. 그러면 다시 똑같은 자판을 누르고 전기 신호가 변환기로 다시 전달된다 해도 램프보드에서는 다른 문자에 불이 들어오는 거예요. 실제로 타자수가 똑같은 자판을 되풀이해서 누른다 해도, 그때마다 서로 다르게 암호화되기 때문에 램프보드에는 계속 다른 문자에 불이 들어와요.

암호 해독자의 일이 얼마나 어려워질지 상상이 되나요?

하지만 그건 시작일 뿐이에요. 에니그마 설계자들은 뒤이어 훨씬 복잡한 방식을 보태어 암호화 과정을 더 짐작하기 어렵고 복잡하게 만들었어요. 개선에 개선을 거듭한 결과, 한 대의 에니그마 장치에 설정될 수 있는 키의 수는 10,000,000,000,000,000(10^{16})가지가 넘었어요. 그렇게 많은 가짓수로 조합되니, 독일은 에니그마로 암호화된 통신은 결코 적에게 새 나가지 않고 해독되지 못한다고 자신할 만했어요. 그리고 정말 그랬어요. 연합군이 에니그마 장치를 손에 넣었을 때도, 코드북 없이는 독일군의 암호문을 해독할 방법이 없었으니까요. 아니면 10,000,000,000,000,000가지 키를 직접 하나하나 적용해야 하는데, 과연 그럴 마음이 있었을까요? 물론 있었어요! 시도해 보았을까요? 당연히 해 보았죠. 하지만 암호문을 해독할 수는 없었기 때문에 키가 들어 있는 독일 코드북이 절실하게 필요했어요.

불가능은 없다

전쟁 초기에 다양한 방면의 전문가들이 영국 런던에서 멀지 않은 곳에 있는 암호 학교, 블렛츨리 파크에 모였어요. 수학자, 암호 기술자, 체스 선수, 십자말풀이 애호가, 그 밖의 많은 전문가들이 포함되어 있었어요. 그 모임의 목적은 세계에서 가장 위협적인 암호 장치의 콧대를 꺾는 거예요. 과연 가능할까요?

블렛츨리 파크 요원들은 천재 중의 천재였던 앨런 튜링의 지휘 아래 중요한 약점 하나를 이용했어요. 그것만 아니라면 에니그마는 무너지지 않는 철옹성의 암호 체계였겠지만, 약점은 바로 에니그마를 조작하는 게 바로 사람이라는 사실이에요. 사람은 누구나 습관이 있다는 거죠.

앨런 튜링이 던진 질문은 다음과 같았어요. "에니그마도 결국 사람인 타자수가 작동시키는 거라면, 사람의 습관을 이용하여 에니그마로 암호화된 내용을 알아낼 수 있지 않을까? 이 습관을 단서로 암호를 해독할 수 있지 않을까?"

다행스럽게도 이 질문들에 대한 답은 "그렇다."였어요.

여러분이 독일 요원으로서 전투 중인 부대에 날씨를 알려주는 일을 맡고 있다고 가정해 보아요. 날씨는 군사 작전에 큰 영향을 미칠 수 있어요. 비밀 작전을 펼치는 동안 예상치 못한 폭풍이 휘몰아치면 계획 전체가 틀어질 수 있으니까요. 여러분의 임무는 날마다 일기 예보를 보내는 것이니까, 날마다 비슷한 형식으로 예보가 보내진다고 생각하는 게 맞을 거예요. 예를 들어 여러분이 날마다 보내는 일기 예보는 다음과 같이 시작할 수 있어요.

앨런 튜링

To : The Front Lines (수신: 전선)
Subject : Weather Report (내용: 일기 예보)

에니그마로 암호화하면 다음처럼 바뀌는 거죠.

BG : FRE LPSDQ MZOJD
QUALPR : AXBQJDF PLANTU

6. 막강한 암호 달퇴 : 에니그마 • 79

누군가 이런 글을 손에 넣는다고 해도 처음에는 무슨 내용인지 파악할 수 없을 거예요. 하지만 바로 그 누군가가, 여러분이 날마다 일기 예보를 보내고 있다는 걸 알게 되면 어떤 실마리를 찾아낼 수 있지 않을까요? 비록 키는 알지 못하더라도 그 실마리는 암호문을 해독하는 데 도움이 되죠.

예를 들어 그들은 "일기"라는 낱말이 글의 어딘가에 들어 있다고 추측할 수 있어요. 아마 더 나아가 "일기"라는 낱말이 내용 어디쯤에 들어 있을지 대강 짐작할 수도 있고요.

이런 종류의 실마리를 허점(crib)이라 일컬었어요. 허점이 아주 별것 아닌 실마리에 지나지 않는다 해도 블렛츨리 파크가 일을 시작하는 데는 충분했어요. AXBQJDF가 "일기"라는 낱말일 수 있다는 걸 알면, 그다음 해야 할 일은 어떤 에니그마 설정으로 이 암호문을 작성했는지 알아내면 되니까요. 다시 말해 가능한 조합을 모두 검증하여, 일기를 뜻하는 WEATHER를 AXBQJDF로 변환시킨 설정 하나를 찾아내는 거예요. 쉬운 작업일까요? 아뇨. 설정의 가짓수가 무려 10,000,000,000,000,000이라는 걸 잊지 마세요.

하지만 실마리 하나라도 없는 것보다 나은 거겠죠.

앨런 튜링과 블렛츨리 파크 팀은 입수된 메시지 수백 통을 파헤치며 비슷한 허점을 찾기 시작했어요. 고된 일이었지만, 많은 실마리를 짜 맞추고 공학 기술이 든든하게 뒷받침해 준 덕분에 끝내 에니그마 암호문을 해독할 수 있었어요.

1945년 즈음, 독일의 거의 모든 에니그마 통신문은 영국에 의해 하루 이틀 안에 해독되었어요. 독일은 에니그마가 해독되고 있었다는 사실을 까맣게 몰랐어요. 그래서 전쟁 내내 에니그마를 사용하여 교신을 주고받으면서도 적이 자신들의 비밀 교신을 훤히 읽고 있다는 걸 전혀 깨닫지 못했어요. 이 역사적인 업적이 마침내 전쟁의 흐름을 바꾸고 독일군을 막을 수 있었죠. 그렇기에 제2차 세계대전을 승리로 이끈 주역은 전장의 병사들만이 아니라 암호를 해독한 공학자들이기도 하다는 데 많은 이들이 동의하고 있어요.

이렇게 암호 기술은 한 나라를 일으킬 수도 무너뜨릴 수도 있는 굉장한 힘을 가졌어요.

전쟁을 끝낸 봄브

에니그마로 암호화한 메시지를 해독하기 위해, 블렛츨리 파크의 공학자들은 먼저 내용에서 실마리를 찾아내야 했어요. 하지만 찾아냈다 해도, 내용 전체를 해독할 키를 찾는 건 여전히 어려웠어요. 키의 가짓수가 어마어마하다 보니, 연필과 종이를 갖고 하나하나 찾아가기란 너무나도 고된 일이었죠.

문제를 해결하기 위해, 앨런 튜링은 봄브(Bombe)라는 장치를 발명했어요. 허점을 찾아내면, 이 정보를 봄브에 입력했어요. 이 정보를 가지고, 봄브는 가능한 나머지 키 전체를 빠르게 검토했어요. 많은 에니그마 장치가 동시에 작동하는 것처럼 모방하여, 정확한 키를 찾아낼 때까지 가능한 키의 가짓수 전체를 검증한 거예요.

셀 수도 없는 키의 가짓수대로 직접 하나하나 검증하지 않고도 에니그마 암호

블렛츨리 파크에서 사용된 봄브 장치

문을 빠르게 해독할 수 있는 길이 마침내 열린 거예요! 전쟁이 끝났을 때, 대부분의 봄브는 파괴되었어요. 영국은 블렛츨리 파크에서 있었던 모든 일을 극비로 묻어 두고자 했거든요. 세월이 흘러 영국 정부는 마침내 그 역사를 기념하는 게 좋겠다고 결정했고, 봄브 복제품을 만들어 블렛츨리 파크 박물관에 전시하기 시작했어요.

암호의 영웅들 : 아메리칸 인디언

일본이 진주만을 공격하자 드디어 미국이 제2차 세계대전에 참전했어요.

미국은 적국인 일본에 교신을 들키지 않을 방법이 필요했죠. 물론 미국은 전시에 다양한 암호화 기법을 사용했지만, 암호화하는 데는 시간과 수고가 많이 드니까요. 미군은 명령을 빠르게 전달하고 싶었기 때문에 또 다른 길을 찾아야 했어요.

바로 그 이유로 아메리칸 인디언, 특히 나바호족에게 도움을 요청했어요. 나바호 언어를 아는 사람은 거의 없었어요. 사실 나바호족이 아닌 사람 가운데 나바호 언어를 아는 사람은 30명뿐이었다고도 해요. 그렇다면 나바호 언어는 완벽한 비밀 암호죠.

나바호족과 32개 다른 부족 사람들은 해병대에 입대하거나 징집되어 암호 구술자로 훈련받았어요. 그들의 임무는 전화와 무전으로 군사 정보를 알리는 것이었어요. 이오지마 상륙작전 때 나바호 암호 구술자 6명이 보낸 전갈은 800건이 넘었어요. 이 가운데 단 한 건도 적군이 해독하지 못했어요. 암호 구술자가 없었다면 미국 해병대는 이오지마를 접수하지 못했을 거예요.

전쟁이 끝난 뒤에도 암호 구술자들은 자신들이 한 일을 극비로 숨겨야 했어요. 그래서 대부분의 사람들이 전쟁 승리에 아메리칸 인디언이 이바지한 사실을 전혀 알지 못했어요. 2001년이 되어서야 조지 W. 부시 대통령이 생존해 있는 암호 구술자 4명에게 의회명예훈장을 수여했어요. 이들의 공헌이 처음으로 공식적으로 인정된 순간이었어요.

암호의 영웅들 : 흑인 암호 기술자들

알링턴 홀 전문여대는 1927년 사립 여자대학교로 설립되었어요. 하지만 1942년 미국 정부는 학교 문을 닫게 하고 건물을 차지하여 군사 작전에 사용했어요. 윌리엄 커피라는 사람은 학교에서 잡역부로 일하다가 나중에 육군 통신첩보국(Signal Intelligence Service, SIS)의 부감독관으로 고용되었어요.

윌리엄 커피가 전쟁 중의 공로로 표창을 받는 모습

1944년, SIS에 직원 다양성을 증대시키라는 명령이 내려지자, 관리자가 흑인인 커피에게 도와 달라고 부탁했어요. 커피는 능력 있는 흑인 직원을 채용하는 일을 훌륭히 해냈고, 나중에는 그들의 감독관이 되었어요. 1945년 즈음 커피는 30명을 지휘했어요. 그들의 일은 무엇이었을까요? 다름아닌 외국의 암호화된 교신을 해독하는 일이었어요. 전쟁 초기에 커피가 이끄는 팀이 해독한 교신 대부분은 국제 관계와 관련한 것이었는데, 특히 미국 최대의 교전국인 독일과 일본 사이의 것이었죠. 팀이 맡은 임무는 수많은 교신 가운데 승전에 도움이 될 만한 정보를 걸러내는 일이었어요.

그런데 커피의 팀은 다른 백인 직원들과 교류할 수는 없었어요. 흑인 직원을 백인 직원과 분리시키도록 규정한 흑인차별법 때문이었어요. 커피 밑에서 일하는 암호 분석가들은 미국 정부에 중요한 사람들이었지만, 사실상 보이지 않는 사람들이었어요. 제2차 세계대전 동안 알링턴 홀에서 근무한 대부분의 백인 직원들은 흑인 암호 기술자 팀이 존재한다는 사실조차 몰랐어요.

1946년, 커피는 시민공로상을 받았고, 그 뒤에도 정부 기관의 암호 기술 분야에서 일하다가 퇴임했어요.

암호의 영웅들 : 전시의 여성들

진주만 공습이 있기 몇 달 전, 미국의 가장 유명한 몇몇 여자대학의 우편함에 알 수 없는 편지가 꽂히기 시작했어요. 편지 수신인에게 면접을 보러 오라는 안내문이었어요.

면접에서는 딱 두 가지 질문만 했어요.

1. 십자말풀이를 좋아합니까?
2. 결혼을 약속한 약혼자가 있습니까?

"네, 십자말풀이를 좋아합니다. 아니오, 결혼을 약속한 약혼자는 없습니다."라고 대답한 여학생들은 비밀회의에 참석하게 되었어요. 회의에서는 미군 암호 분석가로 일할 기회가 있다는 말을 들었어요. 그 과정에 계속 참여할 뜻이 있다면, 암호 해독 기법 교육을 받게 된다는 거였어요. 단, 조건이 하나 있었어요. 그 과정에 대해 아무에게도 말하면 안 된다는 거였죠. 부모님과 친구에게도요.

나중에 알려진 바에 따르면, 젊은 남성들이 외국에서 전투를 치르는 동안, 미군은 교육받은 똑똑한 여성들의 지원이 절실하게 필요했어요. 그래서 가장 우수한 여학생들을 뽑아 비밀 작전에 참여시킨 거예요. 적어도 만 명의 여성 암호 해독자가 전시에 활동했어요. 그들이 해독한 내용은 적군의 전략, 전투 사상자, 임박한 공격, 그리고 보급 요청 등이었어요. 여성들은 끝까지 비밀 서약을 지켰고, 그들이 한 일이 무엇인지는 아무도 몰랐어요. 그들의 친구와 가족조차도 그들이 비서나 급사로 일하고 있다고만 생각했어요.

작전은 제2차 세계대전이 끝날 때까지 이어졌어요. 전쟁이 끝난 뒤, 비밀리에 일했던 이 성실한 여성들은 오늘날 미국 국가안보국(National Security Agency, NSA)에 소속되었어요.

암호의 영웅들 : 비둘기 전령

2012년, 영국의 어떤 사람이 집 굴뚝을 청소하다가 놀라운 발견을 했어요.

잔가지, 낙엽, 여러 오물을 청소하다가 비둘기 잔해를 보게 되었는데 여느 비둘기와는 달랐어요. 바로 제2차 세계대전 때 전령으로 일한 비둘기였어요. 사학자들이 짐작하기에, 이 새는 나치 점령 하의 프랑스로 진격해 들어간 연합군이 영국에 보내는 쪽지를 갖고 온 거예요.

이 작고 용감한 첩보원 비둘기는 슬프게도 목적지에 이르지 못했어요. 아마 날갯짓을 멈추고 잠깐 한숨 돌린 뒤에 다시 먼 길을 떠나려 한 것 같아요. 하지만 안타깝게도 편안히 쉬지 못하고 굴뚝 속으로 떨어진 이 깃털 달린 영웅은 거기서 숨을 거두었어요. 중요한 쪽지가 다리에 묶여 있는 채로요.

제2차 세계대전이 끝나고 거의 70년이 흐른 뒤에야 발견된 비밀 쪽지는 비둘기 잔해에 묶여 있는 빨간 원통 속에 들어 있어 원형 그대로 안전하게 보관되었어요.

문제는 암호로 쓰여 있다는 거였어요. 누구도 그 내용을 알아내지 못했어요. 오늘날까지도 비둘기 암호문은 해독되지 않았어요.

비둘기 전령은 전시에 중요한 병사였어요. 시속 130킬로미터까지 속도를 낼 수 있고, 1100킬로미터 넘게 날아갈 수 있으니까요. 오늘날의 자동차가 연료를 두 번이나 잔뜩 채워야 갈 수 있는 거리예요! 영국군은 제2차 세계대전 때 영국 비둘기부대의 병사로 새 25만 마리를 훈련시켰어요. 부대원이 되어 훈련을 마친 첩보원 새가 작은 낙하산을 이용하여 적의 점령지에 투하되면 땅에서는 새를 붙잡아 빨간 캡슐에 밀봉한 비밀 쪽지를 다리에 묶어요. 그리고 새를 풀어주면 새가 중요한 쪽지를 갖고 고향으로 돌아오는 거예요. 일부 새한테는 소형 카메라까지 달았어요. 그래서 새가 집으로 돌아오는 동안 적의 위치를 공중에서 촬영도 할 수 있었어요.

발견된 암호문

6. 막강한 암호 장치 : 에니그마

암호를 풀어 볼까요?

앨리스가 여러분에게 암호문을 보내 왔어요.

f al klq qorpq bsb. vlr pelria klq qorpq ebo bfqebo.
jbbq xq ifyoxov xcqbo pzelli?

이 암호문은 암호 디스크를 사용하여 암호화했어요. 여러분은 키에 관해 앨리스와 이미 약속해 놓았고, 암호 디스크를 정확한 위치로 설정하여 해독하면 돼요. 다음과 같이 설정된 암호 디스크를 보고 암호를 풀어 볼까요?

바깥 고리가 평문이고,
안쪽 고리가
암호문이에요!

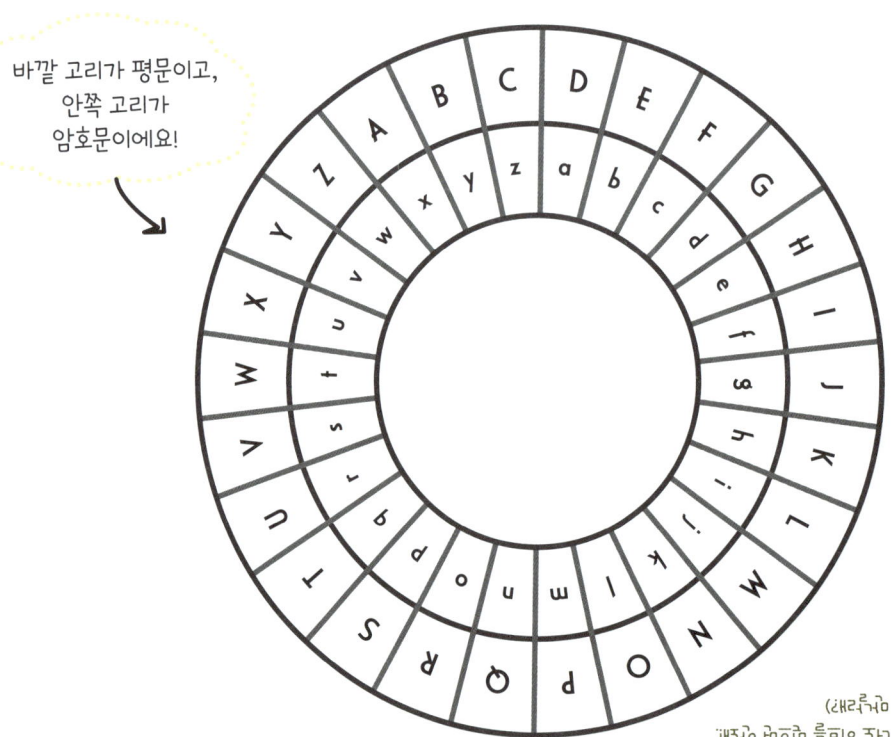

답
I do not trust Eve. You should not trust her either.
Meet at library after school?
(나는 이브를 믿지 않아. 너도 이브를 믿으면 안돼.
방과 후에 도서관에서 만날래?)

7

크립토스 미스테리

암호문 조형물

암호는 밥과 앨리스 같이 비밀 통신을 하려는 사람들에게 분명히 도움을 주었어요. 이브처럼 참견하기 좋아하는 염탐꾼에게 정보를 흘리고 싶지 않으니까요. 하지만 암호 기술은 학생들 사이에 떠도는 소문을 쪽지에 적어 수업 시간에 아무에게도 들키지 않고 전달하는 걸 훨씬 넘어서는 일이에요. 세계 각국이 암호 기술을 활용하여 국민의 안전을 지키고 있는 것을 보면 굉장한 기술임에 틀림없는 거죠.

미국 정부는 모든 극비 정보를 암호화할 때 가장 발달된 암호화 기술을 사용하여 아무도 그 중요한 비밀을 알아내지 못하게 해요. 이런 암호화는 연필과 종이로 하는 게 아니죠. 엄청나게 복잡한 고도의 작업이어서 성능이 뛰어난 컴퓨터들을 사용해야 해요. 그래야만 정부가 정말로 마음을 놓을 수 있어요. 혹시 해커가 정부의 보안 시스템을 뚫고 들어오더라도 찾아낼 수 있는 게 오직 암호문뿐이어야죠. 더 나아가 가장 발달된 암호 해독 기술로도 쉽게 해독할 수 없는 암호문이어야 하고요.

미국 정부가 암호 기술을 매우 중요하게 여기고 있다는 걸 보여주는 예가 하나 있어요. 역사를 통틀어 가장 유명한, 풀리지 않은 암호문 가운데 하나가 미국의 주요 정부 기관 가운데 한 곳인 중앙정보국(CIA)에 잘 보이게 설치되어 있어요. 유능한 정보기관은 최고 수준의 암호 기술자와 암호 분석가를 필요로 하죠. 나라의 비밀을 지키고 동시에 적국의 비밀을 훔쳐야 하니까요. CIA 본부에는 세계에서 가장 똑똑한 암호 해독자 수백 명이 날마다 일하고 있지만 그럼에도 불구하고 누구도 크립토스(Kryptos)라는 난제를 풀지 못했어요.

이러한 좌절감을 안겨준, 암호 기술의 난제를 만든 이는 과연 누구일까요? 이 뛰어난 암호 제작자는 분명히 수학, 과학, 공학에서 최고 수준의 실력을 갖고 있겠죠? 아니에요. 크립토스 제작자는 재능 있는 예술가, 더 정확히 말하면 조각가이고 이름은 짐 샌본이에요. 20년 넘게 암호 해독자들을 괴롭혀 온 크립토스는 1990년에 CIA 본부 마당에 설치된, 3미터 높이의 구리 조형물이에요. 두루마리 비슷한 모양에 알파벳 문자가 정확히 1,735개 새겨져 있어요. 크립토스 암호는 네 부분으로 이루어져 있고, 처음 세 부분은 이미 해독되었어요. 하지만 네 번째 부분은 여전히 수수께끼예요.

> 크립토스는 그리스어로 "숨겨진"이라는 뜻이에요.

수수께끼 풀기

CIA 본부에 설치된 크립토스 조형물

크립토스의 처음 세 부분을 해독한 사람은 CIA 요원 데이비스 스타인이었어요. 점심시간을 거의 400시간 가까이 바쳐서 수수께끼와 씨름한 덕분이었다고 하죠. 스타인은 종이와 연필만을 사용하여 암호를 풀었어요. 처음 세 부분을 풀어내는 데 거의 8년이 걸렸지만 CIA는 그가 난제를 해결했다고 어디에도 밝히지 않았어요. 그래서 캘리포니아의 컴퓨터 공학자 짐 길로글리가 1년 뒤에 혼자서만 조명을 받게 되었어요. 그가 바로 그 세 부분을 해독했다고 발표했으니까요. 차이점이 있다면요? 스타인과 달리 길로글리는 컴퓨터를 사용한 거예요.

그렇다면 어떻게 크립토스를 해독했을까요? 가장 어려운 부분은 키를 알아내는 일이었어요. 첫 부분에서는 사실 2개의 열쇳말이 있어야 했는데, 첫 번째 열쇳말은 "kryptos"예요. 천재가 아니어도 샌본이 "kryptos"를 열쇳말 가운데 하나로 삼은 이유를 알 수 있죠. 두 번째 열쇳말은 확실하지는 않지만 "palimpsest"예요.

Palimpsest는 무슨 뜻일까요?

사전의 풀이는 다음과 같아요.

Palimpsest

; 글을 또 쓸 수 있는 여백을 만들기 위해 원래 쓴 글의 부분 또는 전체가 지워진 양피지 또는 그 비슷한 것.

글을 지우고 새 글을 써넣는다고요? 암호 기술 전문가라면 확실히 관심을 가질 만한 말이네요. 크립토스 자체는 고대의 두루마리 비슷하게 생겼어요. 아마 양피지겠죠?

비즈네르 암호

암호 기술이 발전함에 따라, 암호 제작자는 암호화된 내용을 더욱 해독하기 어렵도록 만들 방법을 연구했어요. 하지만 암호 해독자 또한 암호를 해독할 더 뛰어난 방법을 꾸준히 찾아왔고요.

비밀을 영원히 안전하게 감출 방법은 있을까요?

해독할 수 없는 암호가 있을까요?

거의 300년 동안 그 대답은 "그렇다."였어요. 모든 암호 제작자의 고민에 대한 해결책으로 비즈네르 암호가 있었기 때문이에요.

비즈네르 암호가 개발되었을 때, 눈부시고 혁명적인 암호 기술 방법이라는 찬사를 받았고, 결코 해독될 수 없다는 믿음이 오랫동안 이어졌어요.

하지만 끝내 해독되었죠.

암호 해독자들은 포기하지 않아요. 그래서 암호 제작자들은 다시 시작해야 했어요.

오늘날 비즈네르 암호를 해독하는 방법이 여러 가지 알려졌지만, 그렇게 쉽지는 않아요. 그래서 예술가 짐 샌본이 이 암호를 크립토스에 사용하기로 결정했을 거예요.

이제 "kryptos"와 "palimpsest"라는 두 열쇳말을 알고 있으니 암호문을 쉽게 풀 수 있을까요? 꼭 그렇지는 않아요. 그건 퍼즐의 한 조각일 뿐이에요. 열쇳말을 가지고 비즈네르 암호라는 암호 알고리즘을 사용하여 해독해야 해요. 비즈네르 암호를 어떻게 사용하는지 방법을 알고 싶다고요? 이 장의 끝 부분을 보면, 크립토스 첫 부분이 어떻게 해독되었는지 알 수 있겠지만 그때까지 궁금증을 참기는 어려울 거예요! 내용을 알고 싶어 죽을 지경이라는 거 알아요.

자, 바로 본론으로 들어가 보죠. 해독된 내용은 다음과 같아요.

옅은 음영과 빛의 결핍 사이에 있는 것은 미묘한 차이의 착각이다.

도대체 무슨 뜻이죠?

해독된 원문에는 착각을 의미하는 "illusion"의 철자가 "iqlusion"으로 잘못 씌어 있는데 사람들은 이를 조각가 짐 샌본이 일부러 그런 것이거나, 크립토스의 다른 부분을 해독하는 데 도움이 되는 키일지 모른다고 생각해요.

이 문장을 쓴 사람은 예술가예요. 이 문장이 무엇을 뜻하는지에 관해 몇 가지 추론이 있는데, 많은 이들은 그저 시적인 문장이라고 믿기도 하고, 숨겨진 내용을 가리킨다고 믿는 사람들도 있어요. 여러분도 이에 못지않게 믿을 만한 추론을 할 수 있지 않을까요?

크립토스의 두 번째 부분을 해독하기 위해서, 암호 해독자는 새로운 열쇳말을 찾아내야 했어요. 첫 번째 열쇳말은 첫 번째 부분에서처럼 "kryptos"이지만, 두 번째 열쇳말은 "abscissa(가로좌표)"라는 게 밝혀졌어요. 가로좌표가 무엇을 말할까요? 그 뜻은 한 평면에서의 거리(가로축 방향)와 관계있는 수학적 개념이에요. 암호 기술자들은 정말 수학을 좋아하나 봐요!

암호문을 해독하면 다음과 같이 복잡한 내용이 나타나요.

그것은 전혀 보이지 않았다. 어떻게 그럴 수 있을까? 그들은 지구 자기장을 사용했다. x 정보는 수집되어 알려지지 않은 장소까지 땅속으로 전송되었다. x 랭글리가 이에 관해 알 것인가? 그들은 그것이 거기 어딘가에 묻혀 있다는 것을 알 것이다. x 누가 정확한 위치를 아는가? WW만 안다. 이것이 그의 마지막 메시지였다. x 북위 38도 57분 6.5초, 서경 77도 8분 44초. x 2층.

어휴, 정말 무슨 말인지 하나도 모르겠죠?

비밀요원의 첩보 전보처럼 보이게끔 씌어진 내용이 분명해요. 여기가 다름 아닌 CIA라는 걸 떠올리면 충분히 그럴 만하죠.

우선 x 표시는 문장을 끊어주고 있다고 생각하면 돼요. 마침표처럼 문장의 끝에 표시한 거예요. 하지만 그걸로 내용을 다 알 수는 없죠. 해독된 원문에는 땅속을 뜻하는 "underground"가 "undergruund"로 철자가 잘못 쓰여 있는데, 샌본이 일부러 잘못 쓴 거라고 생각할 수 있어요. 아마 중요한 실마리일 텐데 아무도 그 이유를 밝히지는 못했어요.

또 무언가가 "거기 어딘가에 묻혀 있다"는 내용이 들어 있어요. 샌본이 랭글리에 있는 CIA 본부 마당 어딘가에 무엇인가 묻은 걸까요? 분명히 가능성이 있어요. 샌본에게 바로 이 질문을 던진 기자가 많았지만 그는 아무 대답도 하지 않았어요. (그저 일상생활이나 취미에 관해 미주알고주알 늘어놓았을 뿐이에요. 96쪽 글상자를 읽으며 가능성 있는 실마리를 찾아보세요)

해독된 내용에 따르면 "WW"만이 정확한 위치를 안다고 해요. WW가 누구일까요? 암호문에서 말하는 WW는 윌리엄 웹스터, 전 CIA 국장이라고 믿는 사람들이 많아요. 샌본은 웹스터에게 수수께끼를 푸는 법을 알려 주었느냐는 질문을 받았어요. 크립토스 헌정식에서 샌본이 웹스터에게 봉투를 건넨 것은 사실이에요. 밀랍으로 밀봉된 그 봉투에 암호문을 푸는 법이 담겨 있을 거라 짐작되었지만 CIA는 해법이 담긴 봉투를 금고에 보관하며 뜯어보지 않겠다고 샌본에게 약속했어요. 그런데 CIA가 약속대로 봉투를 뜯어보지 않고 보관한다면, 실제로 해독하는 법을 샌본이 봉투에 넣지 않았을 경우와 어떤 차이가 있을까요? 아무런 차이가 없겠죠. 그래서 샌본은 그 생각대로 봉투에 암호 해독 방법을 넣지 않았을 수도 있어요. CIA를 속인 것일지도 모르겠어요! 그는 자신 말고 누구도 크립토스 푸는 법을 갖고 있지 않다고 공언해 왔으니까요.

그리고 해독된 내용에 나오는 좌표인 북위 38도 57분 6.5초, 서경 77도 8분 44초는 어디를 나타낼까요? 그 위치는 조형물에서 남동쪽으로 약 45미터 떨어진 곳이에요. 무언가가 그곳에 묻혀 있다는 뜻일까요? 아무도 몰라요. 그러면 가능한 이야기일까요? 그럼요! 하지만 어떤 시민도 CIA 최고 기밀 본부에 삽을 갖고 들어와서 뭘 찾겠다고 땅을 마구 파 볼 수는 없을 거예요.

만약 CIA에서 일하는 직원이 그 지점을 파 보고 무언가를 발견했다 하더라도 그 사실을 퍼뜨리지 않을 거고요. 알다시피 CIA는 비밀을 좋아하니까요.

크립토스 세 번째 부분은 전치 기법으로 해독되었어요. 의미 있는 내용이 나타날 때까지 문자의 위치를 바꾸는 방법이에요. 세 번째 부분은 앞의 두 부분보다 풀어내기가 훨씬 복잡했지만 예리한 암호 분석가 몇 사람이 다음과 같이 밝혀냈어요.

천천히, 몹시 천천히, 입구 아래쪽을 막고 있던 통로 파편들의 잔해를 치웠다. 떨리는 손으로 좌측 상단 구석에 작은 틈을 냈다. 그리고 틈을 조금 넓혀서 촛불을 넣고 안을 들여다보았다. 무덤에서 뿜어져 나오는 뜨거운 공기 탓에 촛불이 깜빡거렸지만, 곧이어 안쪽 무덤이 뿌연 공기 속에 모습을 드러냈다. x 당신은 무언가가 보이는가 q?

　이 글은 고고학자 하워드 카터가 투탕카멘왕의 무덤을 발견한 날 쓴 일기의 일부예요.
　이집트 왕의 무덤을 발견한 날의 기록이 왜 그토록 중요한지 짐작할 수 있나요? 어떤 이들은 이 글이 발견의 경이로움을 표현하고 있다고 믿어요. 암호 해독자들이 크립토스를 해독하기 위해 겪는 길도 그와 비슷하죠. 또 어떤 사람들은 이 인용문이나 하워드 카터의 책이 어쩌면 크립토스의 풀리지 않은 부분을 해독하는 열쇠일 수 있다고 생각해요. 하지만 어쨌거나 그저 짐작만 할 뿐이죠.
　세 번째 부분을 해독한 원문에서도 철자가 틀린 낱말이 나와요. '몹시'를 뜻하는 "desperately"를 "desparatly"로 썼거든요. 단지 허술한 실수일까요? 아마 아닐 거예요. 확실한 사실은 크립토스의 각 부분에서 철자가 잘못 쓰인 낱말은 1개씩 있다는 거예요. 아마 우연의 일치는 아니겠지요?

크립토스의 부분	철자가 틀린 낱말	원래 철자
1	iqlusion	illusion
2	undergruund	underground
3	desparatly	desperately

철자가 틀린 낱말들이 우리에게 무얼 알려주고 있을까요? 짐 샌본이 그냥 허술했던 걸까요? 그는 철자를 잘 모르는 사람일까요?

그렇지 않을 거예요.

이 낱말들은 어쩌면 크립토스의 수수께끼를 푸는 데 도움이 되는 실마리일지도 몰라요.

크립토스의 네 번째 부분은 수수께끼가 여전히 풀리지 않았어요. 짐 샌본은 네 번째 부분을 크립토스의 수수께끼 가운데 가장 해독하기 어렵게 짜 놓았다고 말했어요. 이 부분은 문자가 97개뿐이기 때문에 해독하기가 훨씬 어려워요. 변환된 문자의 수가 많지 않으면 규칙을 찾아내기가 힘들거든요. 암호문을 풀 수 있는 방법은 분명히 있을 텐데, 아직 아무도 알아내지 못했어요. 여러분이 해 보겠어요? 암호문은 다음과 같아요.

**OBKRUOXOGHULBSOLIFBBWFLRVQQPRNGKSSO
TWTQSJQSSEKZZWATJKLUDIAWINFBNYPVTTMZFPKW
GDKZXTJCDIGKUHUAUEKCAR**

아마도 샌본은 암호 해독자들이 네 번째 부분을 해독할 때까지 기다리다가 지쳤나 봐요. 2010년에 암호 해독자들에게 조금이나마 도움이 되기를 바라는 마음으로 중요한 실마리를 알려 주었어요. 샌본은 암호문의 64번째부터 69번째 문자, 다시 말해 암호 문자 NYPVTT를 해독하면 독일의 수도인 "Berlin"이 된다고 발표했어요.

이 수수께끼 같은 사람은 누구일까요?

짐 샌본은 예술가 부부의 아들로 태어났고, 자라는 동안 암호 기술에 관해서는 아는 바가 거의 없었어요. 수학을 무척 잘하는 학생도 아니었어요. 고등학생 때는 가정교사를 따로 두고 공부해서 수학 수업을 따라갈 정도였어요. 하지만 기하학만은 예외였어요. 신예 조각가가 도형과 관련된 수학을 좋아했다니 그럴 만하네요.

예술가 짐 샌본

샌본은 자라면서 과학에 흥미를 가졌어요. 심지어 지하실에 입자가속기를 만들려고도 했어요. 하지만 취미로 입자가속기에 지나치게 많은 시간을 쏟아붓는 것은 그리 좋은 생각이 아니라는 걸 깨달았다고 털어놓았어요. 이후에 과학에 대한 흥미는 전기 실험으로 이어졌고, 고고학과 고생물학에도 관심을 가졌어요. 십대 때 커다란 공룡 화석을 몇 개 발굴해서 스미스소니언박물관에 기증했다고 해요. 그리고 대학에 가서는 조각을 공부하기로 마음먹었어요. 예술을 고리 삼아 이런 다양한 관심을 탐구하고 싶었던 거예요.

그러면 암호나 암호 기술과는 아무런 관심이나 배경 지식이 없었던 짐 샌본이 어떻게 그런 복잡한 암호 분야의 난제를 만든 걸까요?

샌본은 CIA 본부에 어울릴 만한 예술 작품을 만들어 달라는 요청을 받고, 수수께끼라는 아이디어를 반영하기로 마음먹었어요. CIA라 하면 사람들은 수수께끼, 음모, 첩보원, 비밀 암호 따위를 떠올리니까요. 짐 샌본은 암호 기술에 관해 전혀 아는 것이 없었기 때문에 지인인 에드 샤이트의 도움을 받았어요. 암호문 작성에 관한 지식을 샌본에게 가르쳐 준 샤이트는 퇴직한 CIA 암호 기술자였죠.

하지만 그도 크립토스를 해독하는 법은 알지 못해요. 지금까지도 사람들은 변함없이 크립토스의 내용을 알려 달라고 요청하지만 짐 샌본은 입을 굳게 다물고 있다고 해요.

이 중요한 실마리가 조금이라도 도움이 되었을까요?

그렇지 않았어요.

아무런 진전 없이 4년이 더 지난 뒤, 샌본은 실마리를 하나 더 발표했어요. 그다음 5개의 암호 문자 MZFPK를 해독하면 시계라는 뜻의 "clock"이 된다고요.

분명히 그 마지막 실마리 덕분에 암호 해독자들은 이 수수께끼를 푸는 데 성큼 나아갈 수 있었겠죠?

아뇨. 전혀요.

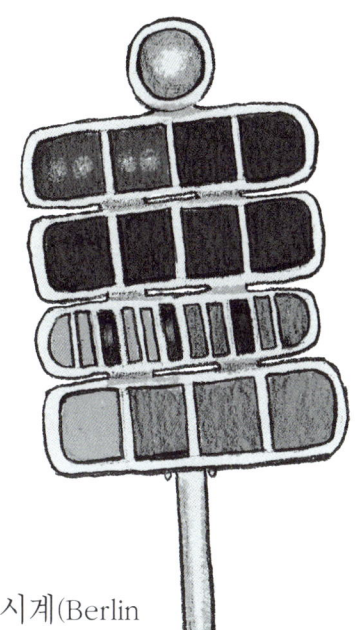

베를린 시계

샌본이 준 크립토스 네 번째 부분의 실마리인 베를린 시계(Berlin clock)가 무얼 가리키는 것인지에 대해서도 암호 해독자들의 의견이 분분했어요.

샌본은 어느 인터뷰에서 이렇게 말했어요. 1989년 독일에서 베를린 장벽이 무너진 건 자신이 크립토스를 설계하고 있을 당시의 "엄청난 소식"이었다고요. 세 번째 부분의 위도와 경도 좌표와 함께, 베를린 실마리는 CIA 본부에 있는 베를린 장벽 기념물의 위치를 가리킬 수도 있어요.

그러면 시계는 무얼까요? 베를린 시계, 다른 말로 집합론 시계(Set Theory Clock)라 알려진 이 시계는 그 자체가 암호예요. 숫자가 아니라 컬러 불빛으로 시간을 표시하니까요. 몇 시 몇 분인지 알려면 꼼꼼히 계산을 해야 하는 시계죠.

또 수학이 등장하네요!

그러면 네 번째 부분은 왜 그렇게 해독하기 어려운 걸까요? 샌본은 네 번째 부분이 크립토스 나머지 부분보다 더 정교한 암호화 기법을 사용하고 있다고

밝혔어요. 그래서 해독하기가 더 어려운 암호문이죠. 그의 말로는, 그 앞부분을 해독한 사람이 몇 명 있었지만 뒷부분의 암호문은 풀 수 없었다고 해요. 하지만 컴퓨터의 성능이 계속 발전하고 있기 때문에 누군가가 마침내 암호문을 완전히 해독하는 건 아마 시간문제일 거라고도 말했어요.

 해독되지 않는다면 언젠가 샌본은 새로운 실마리를 또 발표할 거예요. 얼마나 더 기다려야 할까요? 그도 확실히는 몰라요. 아마 때가 되었다고 느낄 때일 거예요. 이제 딱 86개의 글자만 더 해독하면 크립토스 암호문이 풀려요.

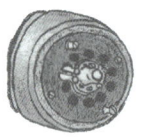

# 암호를 풀어 볼까요?

CIA 요원처럼 크립토스의 수수께끼를 풀 준비가 되었나요?

잊지 마세요. 첫 번째 부분의 열쇳말은 "kryptos"와 "palimpsest"예요.

이 낱말들을 어떻게 사용해야 크립토스의 첫 번째 부분을 풀 수 있는지 함께 알아보아요. 미국에서 가장 뛰어난 암호 분석가들이 이걸 알아내는 데 8년이나 걸렸다는 사실도 명심하세요. 시작해 볼까요!

첫 번째 부분의 암호문은 다음과 같아요.

EMUFPHZLRFAXYUSDJKZLDKRN
SHGNFIVJ
YQTQUXQBQVYUVLLTREVJYQT
MKYRDMFD

먼저 열쇳말 "palimpsest"를 다음과 같이 암호문 위에 반복해서 써요.

```
P A L I M P S E S T P A L I M P S E S T P A L I M P S E S T P A
E M U F P H Z L R F A X Y U S D J K Z L D K R N S H G N F I V J

L I M P S E S T P A L I M P S E S T P A L I M P S E S T P A L
Y Q T Q U X Q B Q V Y U V L L T R E V J Y Q T M K Y R D M F D
```

그다음에 비즈네르 표를 만들어야 해요. 문자들이 들어간 큰 표라고 생각하면 돼요. 열쇠말 "kryptos"를 사용해서 만든 비즈네르 표는 이런 모양이에요.

K	R	Y	P	T	O	S	A	B	C	D	E	F	G	H	I	J	L	M	N	Q	U	V	W	X	Z
R	Y	P	T	O	S	A	B	C	D	E	F	G	H	I	J	L	M	N	Q	U	V	W	X	Z	K
Y	P	T	O	S	A	B	C	D	E	F	G	H	I	J	L	M	N	Q	U	V	W	X	Z	K	R
P	T	O	S	A	B	C	D	E	F	G	H	I	J	L	M	N	Q	U	V	W	X	Z	K	R	Y
T	O	S	A	B	C	D	E	F	G	H	I	J	L	M	N	Q	U	V	W	X	Z	K	R	Y	P
O	S	A	B	C	D	E	F	G	H	I	J	L	M	N	Q	U	V	W	X	Z	K	R	Y	P	T
S	A	B	C	D	E	F	G	H	I	J	L	M	N	Q	U	V	W	X	Z	K	R	Y	P	T	O
A	B	C	D	E	F	G	H	I	J	L	M	N	Q	U	V	W	X	Z	K	R	Y	P	T	O	S
B	C	D	E	F	G	H	I	J	L	M	N	Q	U	V	W	X	Z	K	R	Y	P	T	O	S	A
C	D	E	F	G	H	I	J	L	M	N	Q	U	V	W	X	Z	K	R	Y	P	T	O	S	A	B
D	E	F	G	H	I	J	L	M	N	Q	U	V	W	X	Z	K	R	Y	P	T	O	S	A	B	C
E	F	G	H	I	J	L	M	N	Q	U	V	W	X	Z	K	R	Y	P	T	O	S	A	B	C	D
F	G	H	I	J	L	M	N	Q	U	V	W	X	Z	K	R	Y	P	T	O	S	A	B	C	D	E
G	H	I	J	L	M	N	Q	U	V	W	X	Z	K	R	Y	P	T	O	S	A	B	C	D	E	F
H	I	J	L	M	N	Q	U	V	W	X	Z	K	R	Y	P	T	O	S	A	B	C	D	E	F	G
I	J	L	M	N	Q	U	V	W	X	Z	K	R	Y	P	T	O	S	A	B	C	D	E	F	G	H
J	L	M	N	Q	U	V	W	X	Z	K	R	Y	P	T	O	S	A	B	C	D	E	F	G	H	I
L	M	N	Q	U	V	W	X	Z	K	R	Y	P	T	O	S	A	B	C	D	E	F	G	H	I	J
M	N	Q	U	V	W	X	Z	K	R	Y	P	T	O	S	A	B	C	D	E	F	G	H	I	J	K
N	Q	U	V	W	X	Z	K	R	Y	P	T	O	S	A	B	C	D	E	F	G	H	I	J	K	L
Q	U	V	W	X	Z	K	R	Y	P	T	O	S	A	B	C	D	E	F	G	H	I	J	K	L	M
U	V	W	X	Z	K	R	Y	P	T	O	S	A	B	C	D	E	F	G	H	I	J	K	L	M	N
V	W	X	Z	K	R	Y	P	T	O	S	A	B	C	D	E	F	G	H	I	J	K	L	M	N	O
W	X	Z	K	R	Y	P	T	O	S	A	B	C	D	E	F	G	H	I	J	K	L	M	N	O	P
X	Z	K	R	Y	P	T	O	S	A	B	C	D	E	F	G	H	I	J	K	L	M	N	O	P	Q
Z	K	R	Y	P	T	O	S	A	B	C	D	E	F	G	H	I	J	K	L	M	N	O	P	Q	R

1단계 : 보세요! 열쇠말 KRYPTOS가 있어요!

이제 암호 해독을 시작해 볼까요?

열쇠말 "palimpsest"의 첫 번째 문자는 P이고, 이는 암호 문자 E에 해당해요.

```
P A L I M P S E S T P A L I M P S E S T P A L I M P S E S T P A
E M U F P H Z L R F A X Y U S D J K Z L D K R N S H G N F I V J

L I M P S E S T P A L I M P S E S T P A L I M P S E S T P A L
Y Q T Q U X Q B Q V Y U V L L T R E V J Y Q T M K Y R D M F D
```

먼저 표의 왼쪽 끝 첫 번째 열에서 P를 찾은 뒤, 그 행에서 E를 찾아야 해요. E가 있는 열의 꼭대기에 있는 B가 해독해서 나온 문자예요.

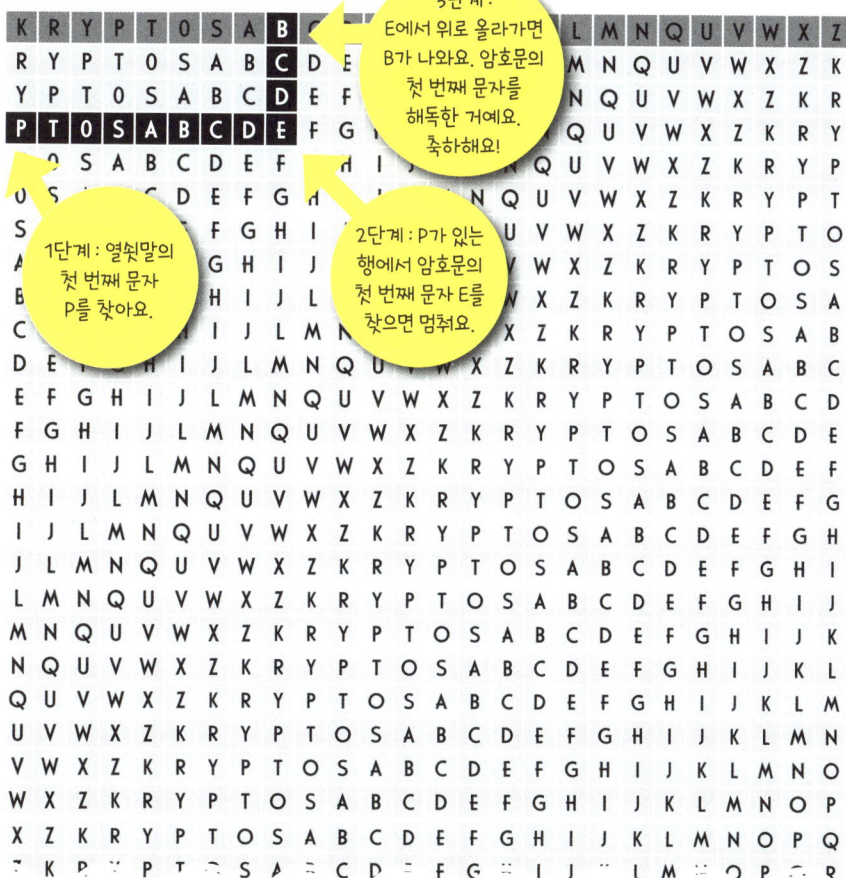

1단계 : 열쇠말의 첫 번째 문자 P를 찾아요.

2단계 : P가 있는 행에서 암호문의 첫 번째 문자 E를 찾으면 멈춰요.

3단계 : E에서 위로 올라가면 B가 나와요. 암호문의 첫 번째 문자를 해독한 거예요. 축하해요!

똑같은 방법을 사용해서 두 번째 문자를 해독해 보아요.

```
P A L I M P S E S T P A L I M P S E S T P A L I M P S E S T P A
E M U F P H Z L R F A X Y U S D J K Z L D K R N S H G N F I V J
L I M P S E S T P A L I M P S E S T P A L I M P S E S T P A L
Y Q T Q U X Q B Q V Y U V L L T R E V J Y Q T M K Y R D M F D
```

열쇳말의 두 번째 문자는 A이고, 이는 암호 문자 M에 해당해요.

왼쪽 끝 첫 번째 열에서 A를 찾은 뒤, 그 행에서 M을 찾아야 해요.

M이 있는 열은 E로 시작하고 있어요.

여기예요! 답을 찾았어요!

이런 방법으로 크립토스 첫 번째 부분을 다음과 같이 알아낼 수 있어요.

BETWEEN SUBTLE SHADING AND

THE ABSENCE OF LIGHT LIES THE NUANCE OF IQLUSION

옅은 음영과 빛의 결핍 사이에 있는 것은 미묘한 차이의 착각이다.

정보 보안의 세계 : 공개키, 개인키

해킹(Hacking)

CIA 본부에 있는 크립토스 조형물은 암호 해독자들이 풀어야 할 과제 이상의 것이에요. 미국 정부의 핵심 기관 가운데 하나인 CIA가 세계에서 가장 어려운 수수께끼 같은 암호문을 보유하고 있다는 사실은 미국 정부가 정보 보안을 얼마나 중요하게 여기는지를 알려 주고 있어요. "정보 보안"은 무단 접속으로부터 정보를 보호하기 위한 모든 방법을 설명하는 용어예요. 암호 기술은 정보 보안의 한 형태이지만, 다른 종류도 많아요. 중요한 문서를 금고에 보관하는 것도 정보 보안의 한 형태일 수 있고, 자물쇠와 열쇠가 달린 일기장 또한 어린 동생이 훔쳐보지 못하게 막는 또 다른 형태의 정보 보안이에요.

정보 보안은 정부에만 중요한 게 아니라 모두에게 중요한 거예요. 은행 등의 기업은 정보 보안을 가장 중요하게 여겨요. 고객의 계좌번호, 신용카드, 현금 잔고 같은 정보가 유출된다면 크게 문제가 생길 거예요. 병원 같은 의료기관도 마찬가지예요. 환자들의 의료 정보를 보호할 책임이 있기 때문이에요. 학교도 정보 보안을 고려해야 하는 이유는, 시험 점수와 성적 같은 학생의 개인 정보가 절대로 노출되면 안 되기 때문이고요.

이 모든 중요한 정보는 무수히 많은 컴퓨터와 데이터 저장기기에 디지털로 저장되는데, 무엇보다 해커(Hacker)들로부터 안전하게 지켜지는 것이 중요해요. 해커란 컴퓨터 시스템에 무단 접속하는 사람을 뜻하고, 컴퓨터 시스템을 해킹하는 것은 문을 잠근 자물쇠를 풀고 문을 여는 것과 비슷해요.

"Hack"의 뜻

이 낱말이 처음 영어에 생겨난 건 1200년 즈음으로, "불규칙하게 또는 마구잡이로 가차 없이 자르다"라는 뜻이었어요.

오늘날에는 무엇보다도 컴퓨터 시스템에 무단 침입한다는 뜻으로 이해되어요. 하지만 별것 아닌 문제를 희한한 방법으로 해결하는 것을 가리키는 말로도 자주 쓰여요. 이를테면 머리핀을 사용하여 헤드폰 줄이 엉키지 않게 한다든가, 고무줄을 사용하여 신발 끈을 묶는다는 것을 말할 때와 같이요.

은행을 해킹할 수 있을까요?

여러분이 은행의 컴퓨터 시스템을 해킹할 수 있다고 생각해 본 적이 있나요? 만약 성공한다면 엄청나게 큰 금액을 여러분의 은행 계좌로 이체해서 어마어마한 부자가 되겠네요!

아마 여러분은 은행장처럼 보일 수도 있을 거예요. 꽤 괜찮은 계획처럼 생각되지 않아요?

하지만 문제가 있죠. 은행을 어떤 방법으로 해킹할 수 있나요?

우선 은행의 로그인 화면으로 가는 방법은 안다고 가정해 보죠. 그럼 다음에는 뭘 해야 하죠?

은행장의 사용자 ID(아이디)와 비밀번호를 입력하는 화면이 나타날 텐데, 이 두 정보를 여러분은 알지 못해요. 이제 어떻게 할 건가요? 추측이요? 좋아요, 한번 입력해 보죠.

어때요, 다시 해 보려고요? 그럼 도전!

열려라 참깨

은행장의 사용자 ID와 비밀번호를 추측해 봤자 아무 소용이 없겠다는 걸 이제 분명히 알 거예요. 4년 동안 여기에 매달린다고 해도 성공할 수 없어요. 사용자 ID를 안다고 해도 비밀번호까지 알아낼 수는 없을 테니까요.

대부분의 기업은 모든 직원이 강력한 비밀번호를 사용해야 한다는 정책을 시행하고 있어요. 강력한 비밀번호를 사용하면 다른 사람이 짐작으로 비밀번호를 알아낼 가능성이 낮아지기 때문이에요. 비밀번호는 컴퓨터 무단 접속을 막는 1차 방어선이에요. 비밀번호가 강력할수록 컴퓨터는 해커의 침입을 더 잘 막아낼 수 있어요.

강력한 비밀번호를 짐작으로 알아내기란 몹시 어렵고 시간이 많이 걸리지만 은행장의 비밀번호를 알아낼 다른 방법도 있긴 해요. 예를 들어, 여러분이 은행장과 아주 가까이 있다가 그 사람이 비밀번호를 입력할 때 눈을 부릅뜨고 엿보면 비밀번호를 알아낼 수 있을지도 모르죠.

그런데 어쩌죠! 비밀번호를 아는 것만으로는 부족해요. 왜냐하면 은행 컴퓨터는 이중 인증으로 보호되기 때문이에요.

나만의 비밀번호 만들기

사실 그래요. 강력한 비밀번호를 만들어내는 건 성가신 일이에요. 비밀번호를 "abc123"으로 정하는 게 훨씬 쉽겠지만, 그건 좋은 생각이 아니에요. 그런 쉬운 비밀번호는 다른 사람이 추측으로 알아낼 수 있으니까요.

그래서 강력한 비밀번호를 만들어내야 하는데 쉬운 일이 아니죠. 비밀번호가 정말 강력하려면 많은 숫자와 기호가 규칙 없이 조합되고, 사전에 없는 낱말을 써야 해요. 그러면 비밀번호를 기억하기도 무척 힘들 거예요. 비밀번호가 떠오르지 않는다면, 그게 무슨 소용이에요?

강력한 비밀번호를 기억할 수 있는 좋은 방법을 알려 줄게요.

여러분이 기억할 수 있고 여러분에게만 해당되는 문장을 만들어 보세요. 예를 들면, 이렇게 말이에요.

나는 사우스밸리 학교에 다니고 6학년이다!
I go to South Valley School and I'm in the sixth grade!

기억하기 쉽겠죠? 이제 문장에 쓴 낱말들의 첫 번째 문자만 따서 강력한 비밀번호를 만드는 거예요.

IgtSVSaIit6g!

강력한 비밀번호가 생겼어요! 대문자와 소문자가 아무렇게나 이어진데다가 숫자와 기호까지 양념처럼 들어가 있어요. 여러분이 쓴 문장과 관계있다는 건 여러분만 알고요. 꼭 기억하세요! 누구에게도 비밀번호를 알려주면 안 돼요. 그건 비밀이니까요!

> **해킹 공격**
> 2012년, 시리아 대통령 바샤르 알아사드는 이메일 계정을 해킹당했는데 비밀번호가 12345라는 게 노출되었던 거예요. 강력한 비밀번호를 사용하라는 쪽지를 받은 적이 없나 봐요!

이중 인증은 자신이 알고 있고(something you know), 자신이 갖고 있는 것(something you have)을 요구하는 보안 방식이에요. 이때 자신이 알고 있는 것은 비밀번호예요. 외우고 있을 테니까요. 그 비밀번호는 혼자만 알아야 하지만 다른 사람이 비밀번호를 추측하거나 훔쳐서 쓸지 모르니, 이중 인증 과정에서 자신이 갖고 있는 것도 요구하는 거예요.

자신이 갖고 있는 것이라면 대부분 핸드폰을 말해요. 어떤 시스템에서 인증을 받으려 하는 경우, 추가된 보안 수준에서 핸드폰에 1회성 암호를 문자로 전송할 수 있어요. 시스템 접속 허가를 받으려면 비밀번호(자신이 알고 있는 것)뿐 아니라 핸드폰에 전송된 1회성 암호(자신이 갖고 있는 것)가 있어야 해요. 이 두 요소를 요구하면, 다른 사람이 시스템에 접근하기는 몹시 어려워요. 누군가가 비밀번호를 훔쳐 쓴다 해도, 여러분의 핸드폰까지 갖고 있지 않다면 나쁜 사람이 할 수 있는 일은 많지 않아요.

은행장은 이와 같은 이중 인증 과정을 통해 중요한 시스템에 접속할 거예요. 이중 인증에 필요한 스마트카드를 갖고 있을 거고요. 스마트카드는 크기와 모양이 신용카드와 비슷하면서 내부에 추가 보안을 위한 작은 칩이 들어 있어요.

은행장이 매우 중요한 컴퓨터 시스템에 접속하려면, 스마트카드(자신이 갖고 있는 것)를 컴퓨터에 연결된 작은 스마트카드 리더에 읽혀야 해요. 그런 다음 비밀번호(자신이 알고 있는 것)를 입력해요. 컴퓨터는 스마트카드 내부에 있는 칩과 통신하여 그것이 가짜가 아니라는 걸 확인한 후에 입력된 비밀번호를 검증해요. 모든 것이 확인되면, 접속이 승인된 거예요.

여러분이 어떤 방법이든 은행장의 비밀번호를 알아내거나 훔쳤다 해도, 스마트카드는 손에 넣지 못할 거예요. 그리고 스마트카드로 이중 인증을 받지 않고서는 컴퓨터 보안 시스템을 뚫고 들어갈 수 없어요.

머리, 어깨, 무릎, 발

스마트카드는 이중 인증의 한 가지 사례일 뿐, 다른 사례도 많아요. 또 다른 형태의 이중 인증 방식인 생체 인식(Biometrics)은 자신이 갖고 있고, 자신이 알고 있는 것에서 더 나아가 자신 자체(something you are)라는 개념에 이른 것이에요.

생체 인식은 얼굴, 지문, 눈동자, 혈관 같은 신체 특성이나 목소리, 글씨체, 자판 두드리는 리듬 같은 행동 특성을 이중 인증에 사용할 수 있게 해요. 생체 인식을 이중 인증 방식으로 사용하면 스마트카드를 사용할 때보다 이로운 점이 많아요. 스마트카드와 달리 생체 특성은 잃어버리거나 잊을 수가 없죠. 지문을 잃어버리거나 깜빡 잊고 두고 오는 일은 없으니까요. 생체 인식은 복제하기도 몹시 어려워요. 다른 사람의 눈알을 어떻게 복제할 수 있겠어요? 이런 이유로 많은 사람들은 생체 인식 보안이 더 안전하고 훨씬 편리하며 더욱 강력하다고 여겨

요. 이는 오늘날 발전하고 있는 실제 기술이고, 악당들로부터 컴퓨터를 보호하는 하나의 기법이죠. 홍채 인식은 지문 인식과 마찬가지로 생체 인식 중 하나예요. 신체 특성, 다시 말해 자신에게만 있는 고유한 특성에 바탕을 둔 것이죠. 그런데 한 사람을 독특하게 파악할 수 있는 행동 특성에 바탕을 둔 생체 인식 시스템도 있어요.

사람은 누구나 자신만의 습관이 있죠. 바지를 입을 때 혹시 여러분은 보통 어느 쪽 다리를 먼저 넣나요? 인도를 걸을 때 갈라진 곳을 밟지 않으려 하나요? 물을 마실 때 주로 어느 쪽 손으로 컵을 드나요? 벽장문이 닫힌 걸 확인하고서야 잠자리에 들지는 않나요? 이 모든 것이 여러분을 확인할 수 있는 고유한 습관이에요. 행동 인식 시스템은 이런 사람의 습관을 통해 특정한 한 사람을 식별하도록 하고 있어요. 글씨체도 마찬가지예요. 언뜻 보기에, 글씨체로 사람을 식별한다는 건 좋은 방법이 아니라고 생각할 수 있어요. 서명은 위조하기 쉽다는 생각도 들죠. 하지만 뛰어난 필적 감정 시스템은 글씨를 어떤 모양으로 쓰는지만 보는 게 아니라 글씨를 쓰는 행동을 분석하는 거예요. 글씨를 눌러 쓰는 힘, 글을 쓰는 속도와 리듬을 파악해요. 또한 문자를 쓰는 순서를 확인해요. 이를테면 점을 찍거나 가로줄을 그을 때 차례대로 하는지 아니면 낱말을 다 쓰고 나서 하는지를 보는 거죠. 단순한 글자 모양과는 달리, 이런 특성은 위조하기가 무척 어려워요. 다른 사람이 여러분 서명의 복사본을 갖고서 따라 썼다 해도, 시스템은 아마 그 위조 서명을 승인하지 않을 거예요.

생체 인식은 현재 성장하고 있는 분야로서 앞으로도 꾸준히 발전할 거예요. 항상 어떤 시스템이 최선인가 연구하는 사이버 보안 전문가들은 지문이나 홍채 인식, 필적 분석, 그 밖에 셀 수 없이 많은 방법을 놓고 곧잘 논쟁을 벌여요. 모든 생체 인식 방법마다 찬성과 반대가 있기 마련이어서 어떤 것이 가장 좋다고 말하기는 정말 힘들어요. 어느 한 시스템에서 최상의 방법이라고 해서 모든 시스템에 최상의 방법일 수는 없기 때문이에요.

하지만 한 가지는 확실해요. 사용자 ID와 비밀번호만으로는 중요한 기술 체계를 강력하게 보호하는 데 충분하지 않다는 거예요. 미래는 생체 인식 기술과 이중 인증 체계에 더 많이 의존할 거예요. 사용자 ID와 비밀번호는 사라지고 생체 인증이 사용 가능한 수준에서 더 나아가 널리 사용되는 수준으로 발전할 거예요. 다시 말해 온갖 비밀번호를 모조리 기억하지 않아도 된다는 것을 말해요. 그러면 정말 편하겠죠?

지문의 약점

지문은 사람을 식별하는 무척 중요한 도구예요. 미국 정부는 100만 개가 넘는 지문을 저장해 두었다고 해요! 하지만 오늘날 대부분의 사이버 보안 전문가는 지문이 사람을 확인하는 방법으로 크게 믿을 만하지 않다는 데 의견이 같아요. 그래서 과학자와 공학자는 언제나 더 나은 방법을 찾고 있어요. 지문 인증이 비밀번호보다 훨씬 강력하긴 하지만, 본인이 정말 맞는지 더 확실하게 판단해야 하기 때문이에요. 그러나 지문은 고유한 것이고 결코 변하지 않는다는 건 사실 아닌가요? 그렇다면 지문이 매우 신뢰할 만한 게 아닌가요?

맞아요, 그건 사실이죠. 지문은 결코 변하지 않고 고유한 것으로 여겨요. 다른 누구도 여러분과 똑같은 지문을 갖고 있지 않아요. 일란성 쌍둥이조차 지문이 똑같지 않죠.

그런데 왜 지문은 생체 인증으로 사용되기에 미흡한 걸까요? 왜냐하면 지문은 흔하지는 않지만 실제로 사라질 수 있기 때문이에요.

예를 들어 벽돌공처럼 손을 날마다 쓰며 일하는 사람들은 실제로 지문이 닳는다고 해요. 하루 종일 거칠거칠한 재료와 무거운 장비를 손으로 다루니까요. 계속 종이를 만지며 사무를 보는 이들도 지문의 골이 사라지곤 해요. 그렇다면 직업을 선택할 때 이런 지문의 문제점도 생각해 볼 수 있겠네요? 여러분은 어떻게 생각하나요?

눈은 또 하나의 지문

대부분의 사람들은 지문이 고유한 것이고, 그래서 개인을 식별하는 데 사용된다는 걸 알아요. 하지만 눈의 무늬인 안문은 지문보다 훨씬 더 고유하고, 어떤 면에서는 훨씬 더 쓸모가 있어요. 안문은 나이가 들어도 결코 변하지 않아요. 지문처럼 닳아 없어지지도 않고, 손가락과는 달리 눈에 작은 상처를 입는 일도 훨씬 드물어요.

눈 인식은 공상과학 영화에서나 나올 법한 이야기라고 생각할 수도 있지만, 그렇지 않아요. 눈 인식은 현실의 일이고, 생체 이중 인증으로 오늘날 사용되고 있어요.

가장 보편적인 방법은 홍채 인식으로, 홍채(눈에서 색깔이 있는 부분)의 고유한 특성을 사용하여 개인을 인증하는 방법이에요. 모든 사람의 홍채에는 약 240가지 고유한 특징이 있어요. 이는 지문 인식 시스템보다 비교할 수 있는 대상이 약 5배 더 많은 거예요! 눈동자가 얼마나 고유한 것인지는 아마 미처 몰랐을 거예요!

홍채는 왜 그토록 고유한 걸까요? 모든 사람의 홍채는 태어나기 전부터 어떤 무늬를 형성해요. 실제로 두 개의 홍채가 똑같을 확률은 어마어마하게 큰 수 가운데 하나예요. 거의 없다고 할 수 있어요. 무려 1 다음에 0이 78개 붙는 수 가운데 1이거든요! 일란성 쌍둥이도 똑같은 홍채 무늬를 갖고 있지 않아요.

그리고 또 기억해야 할 것은, 대부분의 사람이 하나가 아닌 두 개의 홍채를 갖고 있다는 거예요. 둘을 합치면 눈 인식은 더욱 강력한 인증 시스템이 되는 거죠.

혹시 홍채 인식기가 레이저 광선으로 눈을 다치게 하지 않을까 걱정이 될지도 모르겠어요. 하지만 걱정할 것 없어요. 홍채 인식기는 빛을 사용하여 눈 사진을 찍는 방식인데, 이때 사용되는 빛의 세기는 화창한 날 밖에 나갔을 때 쬐게 되는 햇빛과 비슷하니까 안심해도 좋아요.

9

소수로 만든 암호

소수가 필요한 이유

오늘날 암호 기술은 펜과 종이가 아니라 성능이 우수한 컴퓨터로 실현되고 있어요. 그런 암호화는 엄청나게 강력해서 하나하나 시도해 보는 것으로는 결코 풀리지 않죠. 성능이 뛰어난 컴퓨터로 몇 달 동안 밤낮없이 작업하더라도 풀기 어렵기 때문에 이런 점은 큰 장점이에요. 특히 요즘은 수많은 업무와 통신이 디지털로 이루어지니까요. 강력한 암호화 없이는, 인터넷에서 물건을 주문하거나, 온라인으로 음악을 듣거나, 유튜브로 재미난 비디오를 볼 수 없어요. 또한 개인 정보가 잘못 새 나갈 걱정 없이 이메일을 보낼 수도 없을 거예요.

이런 보안이 가능하도록 도와주는 것은 특별한 수, 소수(Prime number)가 있기 때문이죠. 소수가 어떤 건지 학교에서 배웠나요? 알고 있더라도 소수가 오늘날 암호 기술 세계의 척추라는 사실은 결코 몰랐을 거예요!

어떤 수가 소수라는 말은, 그 수를 나눌 수 있는 수가 그 수와 1뿐이라는 것을 뜻해요. 예를 들어 5는 소수예요. 5와 1 말고는 곱한 값이 5가 나오는 수가 더는 없으니까요.

5 ÷ 1 = 5　　⇨　　나누어떨어져요.
5 ÷ 2 = 2.5　　⇨　　×
5 ÷ 3 = 1.666…　⇨　　×
5 ÷ 4 = 1.25　　⇨　　×
5 ÷ 5 = 1　　⇨　　나누어떨어져요.

> 5가 소수인 이유는 오로지 자기 자신(5)과 숫자 1로만 나누어지기 때문이에요.

이를 다르게 표현하면, 5의 인수가 5와 1뿐이라고 할 수 있어요. 5처럼 작은 수라면 소수인지 아닌지 확인하는 게 별로 어렵지 않아요. 그 수 앞에 있는 모든 수로 한 번씩 나누어 보면 되거든요. 셈을 할 때마다 나누어떨어지지 않고 나머지가 있으면 그 원래의 수는 소수예요.

여기까지는 이해되죠? 좋아요.

어떤 작은 수가 소수인지 아닌지 증명하는 건 쉬워요. 하지만 더 큰 소수들을 검증하는 것은 훨씬 어렵고 훨씬 많은 계산을 해야 해요. 아래를 볼까요? 17이 소수라는 사실을 증명하기 위해 이렇게 계산을 많이 해야 한다는 걸 알 수 있어요. 게다가 17은 사실 그리 큰 수도 아닌데 말이에요.

17 ÷ 1 = 17　　⇨　　나누어떨어져요.
17 ÷ 2 = 8.5　　⇨　　×
17 ÷ 3 = 5.666…　　⇨　　×
17 ÷ 4 = 4.25　　⇨　　×
17 ÷ 5 = 3.4　　⇨　　×
17 ÷ 6 = 2.833…　　⇨　　×
17 ÷ 7 = 2.428…　　⇨　　×
17 ÷ 8 = 2.125　　⇨　　×
17 ÷ 9 = 1.888…　　⇨　　×
17 ÷ 10 = 1.7　　⇨　　×
17 ÷ 11 = 1.545…　　⇨　　×
17 ÷ 12 = 1.416…　　⇨　　×
17 ÷ 13 = 1.307…　　⇨　　×
17 ÷ 14 = 1.214…　　⇨　　×
17 ÷ 15 = 1.133…　　⇨　　×
17 ÷ 16 = 1.062…　　⇨　　×
17 ÷ 17 = 1　　⇨　　나누어떨어져요.

17이 소수인 이유는 자기 자신과 숫자 1로만 나누어지기 때문이에요.

소수가 큰 수일수록 소수임을 증명하는 데 필요한 계산 능력 또한 더 높아진다고 생각할 수 있어요. 바로 그런 이유로 무척 큰 소수들이 강력한 암호 기술에 정말로 소중하다는 걸 곧 알게 돼요.

이해를 돕기 위해 소수 11과 19를 예로 들어 살펴볼게요. 두 수가 소수인지 못 믿겠다고요? 앞의 방법으로 직접 확인해 보세요.

이제 이 두 소수를 곱해 보아요.

$$11 \times 19 = ?$$

> 모르겠어요? 계산기를 두드려도 괜찮아요.

답이 나왔나요?

$$11 \times 19 = 209$$

11 곱하기 19는 209예요. 꽤 쉬운 계산이었어요.

이제 거꾸로 원래의 두 수를 모른다고 해 볼까요? 아는 것은 두 수의 곱이 209라는 사실뿐이죠. 어떤 두 수를 곱해서 209가 나왔는지를 알아내야 해요.

$$? \times ? = 209$$

209의 인수를 알아내는 데 꽤 오랜 시간이 걸릴지도 몰라요. 두 수를 곱한 값만 알고 있는 경우, 그 인수들을 찾아내는 건 무척 어려워요. 그리고 원래의 곱셈에서 사용한 소수가 큰 수일수록, 거꾸로 계산해서 알아내는 건 더 어려워지고요.

다른 예를 또 살펴볼게요. 178,667이 어느 두 소수를 곱한 값이라면 두 인수가 무엇인지 알아낼 수 있나요?

$$? \times ? = 178{,}667$$

엄청나게 많은 계산을 해야만 하겠죠. 몇 시간을 끙끙대야 답을 찾을 수 있을 거예요. 어쩌면 며칠이 걸릴지도 모르죠.

곱이 178,667인 두 소수는 다음과 같아요.

$$373 \times 479 = 178{,}667$$

컴퓨터는 373 × 479를 눈 깜짝할 새에 계산해요. 하지만 178,667의 인수들을 컴퓨터로 찾으려 하면 조금 시간이 걸리긴 할 거예요.

역사상 가장 큰 소수

2016년 1월, 수학계에 중요한 발견이 있었어요. 새로운 소수 말이에요! 이 수를 발견할 수 있었던 건 한 대학교의 컴퓨터 덕분이었어요. 컴퓨터가 31일 동안 쉬지 않고 계산하여, 그 수가 숫자 1과 자기 자신으로만 나눠진다는 걸 확실히 증명했기 때문이에요.

이 수는 역사상 가장 큰 소수로서 22,338,618자리 수예요. 이전 기록보다 무려 500만 자릿수가 더 많아요. 이 소수를 인쇄하려면 종이가 5,000장이 넘게 들어갈 거예요! 이 특별한 소수를 알아낸 사람은 미주리대학교의 교수로, 상금 3,000달러를 받았어요.

- 2018년에 더 큰 소수($2^{77{,}232{,}917}-1$)가 발견되었어요. 2016년에 발견된 소수보다 100만 자리가 더 많은 23,249,425자리 수예요.

공개키, 개인키, 그리고 보안

지금쯤 궁금증이 생길 거예요. 이런 계산이 암호 기술과 무슨 상관이 있는 걸까? 반가운 질문이에요! 이번에도 밥과 앨리스가 이해를 도와줄 거예요.

앨리스는 인터넷을 통해 밥에게 비밀 쪽지를 보내려고 하는데, 이브가 온라인에서 엿볼까 봐 신경이 쓰여요. 염탐꾼 이브는 도대체 포기를 모르거든요!

앨리스는 밥에게 매우 강력한 키를 보내서 자신에게 보낼 메시지를 암호화하는 데 쓰게 해요. 매우 큰 소수 두 개를 곱해서 만든 키예요. 다음 예처럼 말이에요.

$$373 \times 479 = 178{,}667 \leftarrow \text{두 수의 곱이 앨리스가 만든 키예요.}$$

앨리스가 밥에게 보내는 키는 공개키(public key)라 불려요. 이브가 이 공개키를 가로채도 앨리스는 걱정하지 않아요. 공개되는 키니까요! 누구든 알아도 되는 키죠.

밥은 이 공개키로 앨리스에게 보낼 글을 암호화해요. 이런 식이라고 생각하면 돼요. 밥은 앨리스에게 전할 글을 써서 상자에 넣어요. 그리고 앨리스가 준 공개키(지금의 예에서는 178,667)를 사용해서 상자를 잠그죠.

앨리스가 준 공개키로 메시지를 안전하게 암호화하여 상자에 담은 밥은 이것을 앨리스에게 보내요.

저런! 앙큼한 이브가 온라인에서 염탐하고 있어요. 이브가 가로채면 어떡하죠?

사실 전혀 걱정하지 않아도 되는 이유는 메시지를 열어볼 수 있는 키를 앨리스만 갖고 있기 때문이에요. 그 키를 개인키(private key)라고 하고, 앨리스는 이 개인키를 매우 안전하게 보관해요. 앨리스가 공개키를 만들기 위해 곱했던 원래의 두 소수로 만들어진 수가 바로 개인키예요.

이브는 앨리스가 사용한 소수, 다시 말해 개인키를 모르기 때문에, 잠겨 있는 상자를 손에 넣게 되더라도 열어볼 수는 없는 거예요.

이 공개키와 개인키 시스템을 일컬어 공개키 기반구조(public key infrastructure) 또는 줄임말로 PKI라고 해요. PKI는 오늘날 인터넷으로 통신하기 위해 이용되는 가장 보편적인 암호화 시스템이에요. PKI에서 사용되는 공개키와 개인키는 실제 열쇠가 아니라 컴퓨터에 저장되는 매우 큰 수예요. 그리고 이 키들을 생성하기 위해 사용되는 소수는 앞의 예에서 앨리스가 사용하는 소수처럼 작은 수가 아니에요. 자릿수가 끝도 없이 이어지는 어마어마하게 큰 소수죠. PKI에 사용되는 소수는 무척 길어서 이 책 한 페이지에 다 적지도 못해요. 아무리 깨알 같은 크기라 해도요!

사용되는 소수가 큰 수일수록 훨씬 안전한 암호가 되기 때문에 수학자와 암호 기술자는 항상 더 큰 소수를 알아내려 하죠. 소수는 지금도 발견되고 있다는 사실을 알면 놀라겠지만 사실이에요. 수는 무한히 이어지기 때문에 소수의 개수 또한 무한해요. 우리는 모든 소수를 결코 알 수는 없을 거예요. 가장 큰 소수들이 지금도 발견되길 기다리고 있겠죠!

새 소수가 발견되면 우리는 그 수를 암호 기술 시스템에 사용해서 훨씬 강력하게 암호화를 할 수 있어요. 새로 발견되는 소수들은 더욱더 큰 수일 테니까 암호 기술 시스템이 점점 더 강력해지는 거죠. 물론 해커들에게는 달갑지 않은 소식일 거예요.

해킹과 저작권 침해

훔치거나 허락없이 침입하는 사람은 불법을 저지르는 거예요. 불법을 저지른다는 건 법을 위반하는 것이죠.

그런데 어떤 큰 수를 손에 넣는 것이 때로는 불법이라는 걸 아는 사람은 거의 없을 거예요. 여러분이 읽은 그대로예요. 어떤 불법적인 수를 갖고 있으면 체포되어 감옥에 갇힐지 몰라요. 무슨 말일까요?

얼마 전까지만 해도, 집에서 영화를 보고 싶을 때는 DVD를 구입하거나 빌려야 했어요. 지금처럼 보고 싶을 때 언제든 온라인에서 영화를 찾아볼 수 있는 때가 아니었어요. 실물 DVD 디스크를 사서 DVD 플레이어에 넣어 재생해야 했어요.

물론 영화사는 여러분이 이 DVD를 구매하기 바라죠. 그래야 영화사가 돈을 벌 테니까요. 하지만 해커들은 DVD의 암호를 풀어 DVD를 복사하는 방법을 찾아냈어요. 암호화된 디지털 보호 장치에 사용된 소수를 알아낸 거예요.

해커가 DVD를 복사한다면, 복사본을 친구들에게 줄 수도 있고, 팔아서 돈을 벌 수도 있어요. 이를 저작권 침해라 일컬어요. 저작권이 있는 매체를 불법적으로 복사하거나 배포하는 일을 뜻하는데, 사회적으로 큰 문제가 되는 일이에요. 그렇기 때문에 영화사는 소송을 걸었고, DVD 암호를 푸는 이 마법의 소수를 알아내는 일을 불법이라고 규정한 법이 제정되었어요.

속임수와 트로이 목마

점잖은 사기꾼

갖가지 보안 조치를 통해 정보를 안전하게 지킨다 해도, 해킹은 날마다 일어나요. 그런데 때로는 컴퓨터 시스템이나 암호를 푸는 방법에 관해 아는 게 거의 없는 해커들도 있어요. 대신 그들이 노리는 건 컴퓨터 시스템의 가장 취약한 부분이에요. 사용자인 사람 말이에요. 해커는 어떻게 허락되지 않은 정보에 접근하는 걸까요?

　암호를 풀거나 생체 인증으로 잠긴 노트북에 침입하기 위해 몇 달 동안 지끈지끈 두통에 시달리며 매달리는 상황이 일반적인 해커의 모습으로 여겨지지만 대부분의 해커는 아무도 몰래, 되도록 빠르고 쉽게 일을 해치우고 싶어 해요. 그래서 컴퓨터 시스템에 침입하는 가장 쉬운 길을 찾으려 하죠. 오늘날의 디지털 세계에서, 컴퓨터에 침입하는 가장 쉬운 길은 놀랍게도 컴퓨터와 큰 상관이 없어요. 그것보다는 누군가에게 설득력이 있어 보이는 사람이 되는 게 중요한 거죠.

사회 공학(Social engineering)은 오늘날 어떤 시스템을 해킹하는 데 사용되는 가장 흔한 방법이에요. 해커는 자신이 목표로 하는 대상을 속이는 사회 공학적 방법으로 컴퓨터에 접근해요.

어떤 은행 강도가 돈을 훔치기 위해 은행에 들어가려 한다고 상상해 보죠. 이 은행 강도가 험상궂게 생기고 까만 옷을 입고 마스크를 쓰고 도둑이라고 쓰인 모자를 썼다고 해요. 그러면 은행 보안요원의 눈에 띌 가능성이 무척 커요. 보안요원은 아마 은행에 들어가는 강도를 막고 빨리 경찰을 부를 거예요.

그런데 만약 그 똑같은 강도가 사업가처럼 말쑥한 정장을 입고, 중요해 보이는 서류 가방을 든 채 은행을 찾는다면 어떻게 될까요? 보안요원은 아마 강도에게 문을 열어 주고 안녕하시냐고 인사까지 건네며 들여보낼 거예요.

이해가 되었나요? 강도는 사회 공학적 방법으로 은행 정문으로 들어가는 길을 뚫었어요. 은행을 털려는 계획의 첫 단계가 성공한 거예요.

물론 비밀 정보를 사회 공학적 방법으로 해킹하는 것은 훨씬 더 복잡한 과정이지만, 개념은 똑같아요. 목표 대상을 속여서 믿음을 얻는 것, 이것이 해커의 목표예요.

이브의 속임수

앨리스와 밥이 편지를 풀기 어려운 암호문으로 만들기 시작하자, 이브는 좌절했어요. 암호를 풀어 앨리스와 밥의 암호문을 해독하려고 계속 노력할 수도 있지만 결코 성공하지 못할 거예요. 꾸준히 염탐한 끝에, 앨리스와 밥의 암호문을 해독하는 키가 날마다 바뀐다는 걸 알아냈거든요.

이브는 그날그날 키를 알지 못하면 사실상 비밀 암호문을 해독할 가망이 전혀 없다는 걸 알아요. 그래서 자신을 의심하지 않는 친구들에게 사회 공학적으로 접근하는 게 유일한 방법이에요.

이브는 계획을 실행하기 위해 1교시가 끝난 뒤 앨리스에게 다가가요. "너 수학시험 보는 거 알지? 캐럴 선생님이 우리한테 시험공부 잘하라고 지난주에 말씀하셨잖아."

"어……그……그래. 맞아. 수학시험." 당황한 앨리스는 책을 꺼내 들고 사물함을 닫아요. "난 바빠서, 이브. 나중에 보자."

앨리스는 서둘러 도서관 쪽으로 가요.

물론 수학시험은 없어요. 이브는 앨리스를 속여서 넋을 빼놓으려 했을 뿐이에요. 앨리스가 잠깐 다른 곳에 신경을 쓰게 되면 오늘의 암호키를 밥의 사물함에 밀어 넣는 걸 깜빡 잊을 테니까요.

이제 계획의 두 번째 단계로 나아갈 수 있어요. 이브는 종이 한 장을 꺼내 아래처럼 썼어요.

카이사르 시프트키 +1

이 종이를 밥의 사물함에 밀어 넣어요. 이제 밥은 그걸 앨리스가 정해 준 오늘의 새로운 키라고 믿겠죠. 키를 정한 게 가장 친한 친구가 아니라 이브라는 사실을 까맣게 모를 거예요. 의심을 왜 하겠어요? 밥과 앨리스는 이브의 사회 공학적 방법에 당한 거예요.

이제 이브는 밥이 암호화하여 앨리스에게 보내는 쪽지를 가로채요. 물론 밥은 자신과 앨리스 둘만 아는 비밀키를 사용하고 있다고 생각하겠지만 앨리스는 아마 도서관에 틀어박힌 채 보지도 않을 수학시험 공부를 하느라 바쁠 거예요.

이브가 손에 넣은 쪽지 내용은 다음과 같아요.

Xbudi pvu gps Fwf! Tif jt vq up tpnfuijoh!

이브가 정한 키를 사용하여 이 암호문을 해독할 수 있겠죠? (128쪽에서 내용을 확인해 보세요.)

물론 이브는 자신이 정한 키로 내용을 순식간에 해독할 수 있어요. 대부분의 사람들은 이런 속임수에 넘어갈 수밖에 없어요. 실제로 사회 공학적 방법은 해커가 보안 시스템을 뚫고 들어갈 수 있는 가장 보편적인 방법이라고 해요.

바이러스의 위협

해커가 이런 방식으로 컴퓨터 접근 권한을 얻어내는 가장 흔한 방법 가운데 하나는 이메일 시스템을 이용하는 거예요. 예를 들어 살펴볼까요? 다음은 어떤 공무원이 받은 이메일 내용이에요.

귀하의 멋진 사진을 첨부합니다!

이런 이메일을 받으면 여러분은 어떻게 하겠어요? 물론 이메일을 열어보겠죠. 멋진 사진이 있다고 하니까요!

하지만 무심코 첨부 파일을 클릭하면 여러분의 컴퓨터에 어떤 프로그램이 자동으로 실행될 수 있다는 것을 알아야 해요. 컴퓨터를 멀웨어로 감염시킬 수 있는 프로그램이에요. 멀웨어는 악성 소프트웨어(malicious software)의 줄임말인데, 컴퓨터 시스템을 손상시키거나 컴퓨터 시스템에서 정보를 훔치려고 만들어져요.

멀웨어의 한 종류가 컴퓨터 바이러스예요. 바이러스에 감염되면 몸이 아프듯이, 바이러스에 "걸린" 컴퓨터는 "병"이 들어요. 그리고 이 바이러스는 한 컴퓨터에서 다른 컴퓨터로 옮을 수 있어요. 바이러스가 사람의 면역 체계에 침투하여 아픈 느낌을 갖게 하듯이 컴퓨터에서 바이러스는 시스템에 침투하여 예상치 못했던 일을 해요.

때로 컴퓨터 바이러스는 단지 성가실 뿐이기도 해요. 컴퓨터 화면에 이모티콘이 나타나게 하거나 자판을 두드려도 소용이 없게 하는 경우처럼요. 하지만 어떤 때는 몹시 파괴적이에요. 일부 바이러스는 컴퓨터에 저장해 놓은 개인정보를 몽땅 훔쳐서 해커에게 보내고, 그 해커는 훔친 개인정보를 사용하여 사람들에게 손해를 입힐 수 있으니까요.

컴퓨터는 이런 반갑지 않은 소식인 바이러스의 위협을 항상 받고 있어요. 때로는 사회 공학적 공격이 무척 교묘해서, 가장 뛰어난 사이버 보안 전문가조차 속아 넘어갈 정도라고 해요.

2015년, 미국 백악관을 해킹하는 데 사회 공학적 방법이 사용되기도 했어요. 어떤 파일 때문이었을까요? 침팬지가 뛰어다니면서 사람인 직원들을 괴롭히는 어처구니없는 비디오였어요.

해커가 보낸 이메일은 믿을 만한 정부의 이메일 주소처럼 보였고, 침팬지 비디오가 첨부되었던 거예요. 첨부 파일을 열었을 때, 이메일을 받은 사람은 이미 재미난 비디오 말고도 자기도 모르게 훨씬 많은 것을 받았죠. 첨부 파일에 숨겨진 것은 일종의 멀웨어로 트로이 목마(Trojan horse)라고 불리는 거였어요. 평범해 보이는 컴퓨터 프로그램이지만 위험한 일을 해요. 이를테면 컴퓨터 사용자의 비밀번호나 그 밖의 개인정보를 훔치죠.

해커들은 일단 백악관 시스템을 해킹하여 정문을 뚫은 뒤, 더 정교한 해킹 기법을 사용하여 더욱 깊이 침투하면서도 정부 사이버 보안 전문가에게 전혀 들키지 않을 수 있었어요. 몇 달이 지난 뒤에야 비로소 해커가 들어와 있다는 걸 알아챌 정도였다니요!

그래도 좋은 소식이 있어요. 백악관 컴퓨터에 저장된 가장 중요한 정보는 전부 암호화되어 있기 때문에 해커가 알아낼 수 있었던 게 거의 없었다는 거죠. 결국 암호 기술이 이긴 거예요!

트로이 목마

널리 알려진 사회 공학적 공격의 대표 사례가 있어요. 고대 그리스에서 비롯된 이야기로, 신화 속의 트로이 전쟁 때 트로이에서 벌어진 일이죠.

이야기에 따르면, 트로이는 무척 높은 성벽으로 둘러싸여 있어서, 아무리 공격해 봐도 그리스 군대가 쳐들어갈 수 없었어요. 성벽에 몸을 숨긴 트로이 병사들은 털끝 하나 다치지 않은 채 성벽 아래의 그리스 군대에 화살을 퍼부었어요.

트로이에서 14년을 싸우고 번번이 진 그리스 장군 오디세우스는 마침내 꾀를 내었어요. 패배하고 짐을 꾸려서 떠나는 척하라고 군대에 명령을 내렸고, 그리스 군대는 선물로 엄청나게 큰 목마를 성벽 앞에 남겼어요. 선물은 트로이 군대에 "우리가 졌다. 너희가 승리했다. 이건 너희에게 주는 상이다"라고 전하는 뜻으로 보였어요.

트로이 군대는 승리를 기뻐하며 거대한 목마의 바퀴를 굴려 성 안으로 갖고 들어갔어요. 목마 안에 그리스 병사들이 숨어 있다는 사실을 꿈에도 몰랐어요. 밤이 되자 목마 안에 숨어 있던 그리스 병사들이 몰래 나와 성문을 열었고, 그 사이에 돌아와 있던 나머지 그리스 군대가 성 안으로 들어왔어요.

트로이는 순식간에 패배했죠.

트로이 군대의 패배 이야기에서 비롯된 "트로이 목마"는 적을 보안 구역으로 침투시키는 속임수를 뜻하게 되었어요. 그리고, 사용자를 속여서 프로그램을 실행하게 하는 멀웨어를 트로이 목마라고 이름 붙이게 되었어요.

S가 뜻하는 것

인터넷을 하면서 웹 주소를 자판으로 칠 때 거의 언제나 시작은 "http://"예요.

HTTP가 무슨 뜻인지 궁금하죠? 하이퍼텍스트 전송 규약(hypertext transfer protocol)의 줄임말이에요. HTTP는 한 컴퓨터가 다른 컴퓨터와 정보를 교환하는 방식을 말해요.

그런데 때로 "https://"로 시작하기도 해요.

끝에 더 붙은 S는 무얼 뜻할까요?

S는 "보안(secure)"을 나타내요. https://로 시작하는 웹페이지를 방문하게 되면, 그 웹사이트는 기본적인 HTTP가 아니라 하이퍼텍스트 보안 전송 규약을 사용한다는 걸 알 수 있죠. 이는 보안 수준이 더 높은 것을 말하기 때문에, 개인정보를 입력해야 하는 웹사이트에서 대부분 HTTPS를 사용해요.

HTTPS는 이름, 생일, 또는 신용카드 정보처럼 사용자가 컴퓨터에 입력하는 정보가 사용자 컴퓨터에서 암호화되도록 해요. 이렇게 하면, 사용자 정보가 목적지에 도착하기 전에 훔쳐내려고 온라인에서 해커가 "염탐"하고 있더라도, 암호문의 내용을 알아볼 수 없어요. 원래 받아보아야 하는 수신자만이 사용자의 개인 정보를 해독할 수 있어요.

이와 같은 보안 시스템을 보여주는 좋은 예가 온라인 쇼핑 사이트예요. 인터넷으로 물건을 구매할 때는 이름, 주소, 신용카드 번호 같은 정보를 제공해야 해요. 이런 정보를 아무나 볼 수 있으면 안 되겠죠? 더 중요하게는, 어떤 다른 사람이 여러분의 개인 정보를 함부로 가져가면 안 되는 거죠? 그래서 온라인 쇼핑 사이트는 모든 개인 정보를 철저하게 지키기 위해서 할 수 있는 모든 일을 해야 해요. 그래서 HTTPS를 사용하는 거예요.

■ 지켜 보라고 이브를!
Watch out for Eve! She is up to something!
(이브를 조심해! 그녀가 수상한 계획을 꾸미고 있어!)

11

화이트 해커와 블랙 해커

사이버 전사들

오늘날 해커는 주로 부당한 평가를 받는 경우가 많아요. 어쩌면 그럴 만도 해요. 뭐니 뭐니 해도 그들의 임무는 컴퓨터 시스템에 침입해서 정보를 훔쳐오는 거니 그렇겠죠?

그런데 꼭 그런 것만은 아니에요. 모든 해커가 악당인 건 아니거든요. 일부 해커는 사실 좋은 사람이에요.

정말이에요! 화이트 햇(white hat)이라 알려진 해커들은 사실 선량하고 좋은 사람들로 자신의 일을 할 뿐이에요.

화이트 햇은 때로 윤리적 해커라고도 불려요. 그들은 컴퓨터 시스템에 침투하여 보안에 취약한 구멍이 될 수 있는 걸 알아내는 일을 해요. 시스템을 해킹하는 데 사용될 수 있는 통로 말이에요. 통로를 발견하면, 이 정보를 컴퓨터 소유자에게 알려서 악당이 해킹에 사용할 수 있는 모든 통로를 막을 수 있게 하는 거예요. 반대로 나쁜 해커는 블랙 햇(black hat)이라 부르곤 해요.

기술 발전이 매우 빠르게 이루어지기 때문에, 화이트 햇 해커는 굉장히 바쁠 수밖에 없어요. 암호 제작자와 암호 해독자 사이의 전투와 마찬가지로, 화이트 햇과 블랙 햇 사이의 전쟁이 끊임없이 벌어지고 있고, 특히 새로운 응용 소프트웨어와 프로그램이 눈부신 속도로 개발되고 있기 때문이에요.

블랙 햇이 시스템을 해킹하는 능력이 발전할수록 화이트 햇은 언제나 한 발 더 앞서야 해요. 구글, 마이크로소프트, 트위터 같은 기업은 물론 미국 정부까지 이 디지털 시대에 철저히 보안을 갖추고 일할 수 있는 길로 안내하는 게 화이트 햇 해커의 역할이에요. 기술의 발전 속도는 느려지지 않기에, 화이트 햇 해커는 늘 최고 자리를 지켜야 해요.

화이트 햇 해커는 정말 중요해요. 미국의 대기업 가운데 일부는 화이트 해커가 그 중요한 일을 계속하도록 지원하고 있어요. 2010년에 구글은 보안 증진 프로그램(Security Rewards Program)을 시작했어요. 블랙 햇 해커가 시스템에 무단 침입하는 데 사용할 수 있는 보안의 구멍들을 화이트 햇 해커가 발견하여

> 화이트 햇은 옛날 서부 영화에서 유래되었어요.
> 영화에서 착한 카우보이는 하얀 모자를,
> 나쁜 카우보이는 검은 모자를 썼어요.

보고하도록 지원하는 프로그램이에요. 그 보상으로 구글은 화이트 햇에게 상금을 주죠.

구글의 발표에 따르면, 2014년에 이 프로그램의 일환으로 200명이 넘는 화이트 햇 해커들에게 150만 달러 이상을 지급했다고 해요.

보안에 취약한 구멍이 이렇게 많다니요! 취약점을 찾아 보고하는 사이버 전사들 덕분에 디지털 세계가 훨씬 더 안전해질 거라 상상할 수 있어요.

그런데 구글 2014 보안증진 프로그램에서 눈여겨 볼 내용이 있어요. 보고된 200가지 보안 취약점 가운데 가장 심각한 취약점을 발견한 사람이 불과 열일곱 살의 조지 호츠라는 청소년이었다는 점이에요. 호츠는 상금으로 그해 가장 큰 금액인 15만 달러를 받았고, 얼마 지나지 않아 구글 프로젝트 제로(Google's Project Zero)의 인턴으로 채용됐어요. 전업 화이트 햇 해커로 이루어진 최고의 팀에 당당히 들어간 거예요.

화이트 해커를 꿈꾼다면!

화이트 햇 해커가 되는 데 관심 있어요? 그런 생각을 가진 친구들이 많아요. 꼭 어른만이 윤리적 해커가 되는 건 아니에요.

데프콘(DEF CON)은 세계 최대의 해킹 대회 가운데 하나로, 미국 라스베이거스에서 해마다 열려요. 대회 가운데 어린이만 참여할 수 있는 특별 회의인 데프콘 키즈(DEF CON Kids)에서 어린이들은 초보 해커, 암호 해독 전문가, 화이트 햇 해커가 되는 법을 배워요.

대회의 목표요? 다음 세대 해커를 훌륭하게 길러내는 거죠. 그들은 이렇게 말해요. "해킹은 여러분에게 초인적인 능력을 줍니다. 여러분은 시간과 공간을 여행할 수 있어요. 이런 능력을 선을 위해 사용하는 것이 여러분의 책임입니다."

더 알고 싶다면 웹사이트 r00tz.org를 방문해 보세요.

비밀문 : 백도어(backdoor)

다른 누군가의 컴퓨터 시스템을 해킹하여 정보를 훔치거나 멀웨어를 퍼뜨리는 건 결코 좋은 생각이 아니에요.

하지만 정부가 여러분의 시스템을 해킹하려는 경우는 어떤가요? 여러분은 그에 대해 어떤 느낌이 들까요?

여러분이 해킹을 한다면 문제가 커질 수밖에 없는데, 정부는 여러분을 해킹해도 되는 걸까요?

이번에도 앨리스와 밥에게 물어보죠.

앨리스와 밥은 서로 편지를 암호화해서 염탐꾼 이브가 내용을 알지 못하게 막았어요. 암호화하기 위해서 앨리스와 밥은 둘만 알고 있는 암호키를 사용해요. 이브는 아무리 애를 써도 추측으로 키를 알아낼 수 없고, 둘의 시스템을 해킹해서 키를 풀려고 하지만 성공하지 못해요.

이런 상황을 상상해 볼까요?

앨리스가 수업 시간에 밥에게 비밀 암호 편지를 보내는 모습이 캐럴 선생님 눈에 띄어요. 선생님이 쪽지를 빼앗지만 읽을 수는 없어요. 당연히 읽을 수 없죠! 비밀키로 암호화되어 있잖아요.

캐럴 선생님은 쪽지 내용을 알고 싶어요. 앨리스와 밥이 수업을 방해하는 앙큼한 계획을 하고 있으면 어떡해요? 선생님은 앨리스와 밥이 무슨 일을 꾸미고 있는지 알 자격이 있지 않겠어요?

하지만 앨리스와 밥에게도 사적인 자유를 누릴 수 있는 권리가 있지 않을까요?

사실 어려운 질문이에요.

이것이 바로 보안 전문가들이 오랫동안 고민해 온 문제예요. 모든 사람이 암호화에 대한 권리를 지니고 있어야 할까? 악당마저도? 만약 악당이 메시지를 암호화한다면, 법 집행기관이 그 내용을 쉽게 해독할 권한을 갖는 게 편리하지 않을까? 그래야 범죄 발생을 예방할 수 있지 않을까? 그렇게 하기 위해서는 키가 필요할 거예요. 하지만 키를 손에 넣으려면 시스템을 해킹해야 하죠. 그건 너무 오랜 시간이 걸리고 더 나아가 불가능할 수도 있어요.

만약 법 집행기관이 만능키를 가지고 암호화된 모든 것을 해독하면 멋지지 않을까요? 마찬가지로 학생들이 암호화한 쪽지를 전부 해독할 수 있는 키를 캐럴 선생님이 갖고 있다면 모든 문제가 해결되지 않을까요?

기술 세계에서 이 만능키는 비밀문(backdoor)이라 불려요.

비밀문 개념을 이해하기 위해 상상을 해 보아요. 한 마을이 있는데 모든 주민이 자기 집 앞문으로 들어가는 고유의 열쇠를 하나씩 갖고 있어요. 물론 집집마다 가지고 있는 키는 이웃의 앞문을 열 수 없어요. 열쇠로 자기 집 앞문만 열 수 있어요. 하지만 이 마을은 여느 마을과 조금 달라요. 경찰이 마스터키를 갖고 있기 때문에 그걸로 모든 집의 뒷문을 열 수 있어요. 어떤 이유로든 주민이 좋지 않은 일에 관련되어 있다는 의심이 드는 경우에, 경찰은 그 집의 앞문을 지나쳐 마스터키로 뒷문을 열고 들어갈 수 있는 거죠.

그것이 바로 기술 세계에서 비밀문이 작동하는 원리예요. FBI 같은 법 집행기관은 시스템에 내장된 보안 조치를 우회할 수 있는 비밀문을 오래전부터 요구해 왔어요. 하지만 기술 기업들은 이 뒷문을 제공하고 싶어하지 않아요.

여기에는 몇 가지 이유가 있어요. 무엇보다 이 기술 기업들의 대부분은 고객의 사적인 영역을 중시하기 때문에 누구나 사적인 영역을 보장받을 권리가 있다고 주장해요. 법 집행기관조차 앞문을 우회하여 누군가의 시스템에 침입해서는 안 된다는 거예요. 정말 타당한 말이지만, 범죄자마저 그 사적 영역을 보호받아야 할까요? 현재 미국에서는 보호받아요. 유죄 입증 전까지는 무죄라는 말을 들어 본 적이 있죠? 그것은 미국 형법상 가장 신성한 원칙 가운데 하나예요.(우리나라도 무죄추정의 원칙이 있어요)

하지만 기술 기업들이 뒷문 개념을 싫어하는 또 다른 이유가 있어요. 경찰이 마스터키를 가지고 모든 집의 뒷문을 열 수 있다면, 범죄자가 그 열쇠를 훔칠 수 없다고 누가 어떻게 보장하겠어요? 자칫하면 범죄자들이 마을의 모든 집을 들락거릴지도 몰라요.

기술 기업은 경찰을 돕고 싶지 않다는 게 아니에요. 기업의 시스템에 들어갈 수 있는 이런 비밀문을 만들면, 범죄자가 그 비밀문을 사용하여 시스템을 해킹할 가능성도 있기 때문에 우려하는 거예요.

앞에서 우리가 앨리스와 밥을 보았을 때, 캐럴 선생님은 앨리스가 수업 시간에 밥에게 건넨 암호화된 쪽지를 가로챘어요. 캐럴 선생님은 내용을 알고 싶어해요. 앨리스와 밥이 말썽을 피울까 봐 걱정스러우니까요. 요즘 애들이란!

하지만 여태까지 같은 반의 몇 아이가 말썽을 피웠다고 해서 (저번에는 아이들이 캐럴 선생님 의자에 방귀 쿠션을 놓았는데, 그리 유쾌하지 않았어요) 앨리스와 밥이 짓궂은 장난을 계획하고 있다고 판단할 수는 없죠. 둘은 이브가 비밀을 염탐하는 게 싫은 거예요. 그게 전부예요. 비록 숙제를 산더미처럼 내주기는 해도 캐럴 선생님을 괴롭힐 생각은 전혀 없어요.

하지만 캐럴 선생님 고집도 만만치 않아요. 선생님은 앨리스와 밥, 그리고 반의 아이들 누구든 암호화한 편지를 모두 해독할 수 있는 마스터키를 가져야겠다고 주장해요.

캐럴 선생님은 이 마스터키가 염탐꾼 이브의 손에 들어가지 않는다고 어떻게 보장할 수 있을까요?

안타깝게도 보장할 수 없어요.

바로 그 이유 때문에 비밀문이 문제가 되는 거예요.

법 집행기관은 비밀문이 편리하겠지만, 적어도 지금으로서는 실행되지 않고 있어요.

미래의 암호 전문가에게

여러분이 뉴스에 관심을 갖고 있다면, 해킹이 종종 벌어지고 있는 것처럼 보일 거예요. 해커는 나날이 영리해지고 있어서 가장 정교하다는 암호와 보안 절차도 손쉽게 뚫을 수 있어요.

그렇다면 우리의 미래는 어떨까요? 어두울까요?

컴퓨터는 과연 안전할까요?

앞으로도 기술과 사이버 세계는 점점 규모가 커질 뿐 작아지지 않아요. 텔레비전, 에어컨, 세탁기, 자동차, 냉장고처럼 여러분이 생각지도 못한 기기들이 오늘날 인터넷을 통해 통신하고 있어요. 기본적으로 온/오프(on/off) 스위치가 달린 것은 무엇이든 곧 인터넷과 연결되어 컴퓨터로 제어될 수 있어요. "사물"들이 연결된 이 거대한 연결망을 사물 인터넷(internet of things), 또는 줄여서 IoT라고 해요. IoT의 무한한 성장을 막을 수 있는 건 아무것도 없어요.

이렇게 인터넷이 성장함에 따라, 사이버 보안 전문가가 해커보다 언제나 앞서 있는 건 중요해요. 뛰어난 사이버 보안 전사, 암호 제작자, 소프트웨어 개발자, 공학자, 암호 기술자가 있어야 디지털 세계를 안전하게 지킬 수 있기 때문이에요. 맞아요, 기술은 우리가 살아가는 방식을 변화시킬 뿐만 아니라 새로운 과제를 던져 주죠. 기술이 진보할수록 암호 기술 기법 역시 진보해야 정보를 보호할 수 있어요. 또 사이버 보안이 발달해야 해커를 물리칠 수 있고요.

그런데 암호가 정말 중요한 이유는 무엇일까요? 사이버 보안은 까다롭고 복잡하잖아요! 왜 그런 일을 해야 할까요?

간단해요. 비밀은 중요하기 때문이에요.

사이버 보안의 임무는 하나예요. 비밀 보호.

비밀이 비밀일 수 있는 건 비밀이 지켜질 때만 가능한 거예요. 비밀이 탄로 나는 순간 더 이상 비밀이 아니고, 보통의 정보로 바뀌죠. 결코 발각되지 말았어야 할 정보요.

여러분은 이제 암호에 자신감이 생겼나요?

암호를 풀 수 있을까요?

분명히 그럴 거라고 믿어요.

하나는 확실해요.

12. 미래의 암호 전문가에게

암호를 푸는 방법을 아는 건 중요하다는 것이죠.

그런데 더 중요한 한 가지가 있어요.

이런 지식을 갖추면 큰 권한이 생기고, 큰 권한에는 큰 책임이 뒤따른다는 것을 알아야 한다는 거죠. 그 권한을 악한 일이 아닌 선을 위해 사용하고 우리 사이버 세계를 안전하게 지키는 일은 세계의 미래 암호 해독자에게 달려 있어요. 그러니 여러분이 그렇게 되길 빌어요!

컴퓨터는 정보의 바다로 나아가는 문을 여는 아주 놀라운 도구예요. 하루 종일 컴퓨터 앞에 앉아 코믹 비디오를 보며 시간을 보낼 수도 있겠지만, 여러분이 컴퓨터로 무얼 할지 어느 쪽을 선택하든, 즐겁고 현명한 방향이길 바라는 마음이에요.

그리고 이제 마지막으로 중요한 테스트가 기다리고 있어요.

이 책은 한 권의 책으로만 머물지 않는다고 얘기했던 것, 기억하나요? 알쏭달쏭한 수수께끼를 풀 수 있는 중요한 키를 쥐고 있지요. 수수께끼를 풀 수 있는 능력과 영리함을 갖춘 암호 해독자들이라면 쉽게 찾을 수 있을 거예요.

자, 마지막 암호를 풀어 볼까요?

마지막 암호

숫자들로 나타낸 암호가 있어요. 암호를 풀면 문제 하나가 나타나죠.
문제와 답까지 모두 알아낸다면 여러분이 바로 최고의 암호 해독자랍니다.

108.20.5   37.1.13   35.8.13   53.3.8   81.4.9
46.8.6   54.3.3   73.14.5   49.12.12
80.1.2   82.1.29   138.10.5
34.12.20   31.13.27   93.3.3   57.14.6   88.3.12   111.2.17
32.3.15   52.18.7   79.8.4   59.8.6   16.9.10
95.11.9   53.12.2   116.4.3
137.1.14   119.18.9   52.16.10   26.17.20
74.6.23   24.3.4   16.1.24   62.6.29   44.4.17   114.4.20

> 베네딕트 아놀드는 반역자이지만 영리한 사람이었어요.
> 그가 이 책을 마음에 들어 했을까요? 아마도요.
> 암호의 힌트는 이 책에 들어 있어요.
> 암호 풀이와 답은 페이지를 넘기면 확인할 수 있어요.

■ 139쪽 마지막 문장

매우 엄밀함이 필요한 곤충에 지질을 표면 때 자신이 만든 양초를 사용했다. 그는 누구인가?

(답: 가이스트 형제)